JOACHIM FERNAU · Ernst und Schabernack

Joachim Fernau

Ernst und Schabernack

Mit Illustrationen des Autors

HERBIG

Schutzumschlaggestaltung: Wolf Bachmann unter
Verwendung eines Motivs von Th. Th. Heine
Printed in Germany
ISBN 3-7766-0768-8

Inhalt

Pansmusik

Das Herz hat nicht viel Platz; man meint es wohl, aber es ist nicht wahr. Je älter man wird, desto mehr erkennt man es.

Als ich – vor Jahren – zum erstenmal vor den Wasserburgen Westfalens stand, überkam mich ein Gefühl, als hätte ich in den Traum meiner Kindheit zurückgefunden. Alles, was damals mein ganzes Glück gewesen wäre, lag vor mir; die Geborgenheit, die Begrenzung, die Abgeschlossenheit, das Gehäuse des kurzen Lebens und – bei meiner Scheu vor den Menschen – des Sichbescheidens. Zu spät.

Als ich – auch vor langer Zeit – zum erstenmal Paris sah, den Zauber Montmartres erlebte, die Schwerelosigkeit des Gastseins, die Seligkeit der Freundschaft und der spielerischen Liebe, das stehengebliebene Lächeln der Alten, das Flüstern der Gassen, die Frühlinge, die, wie die Knabenzeit, nicht angerechnet zu werden schienen, da stand ich vor dem, was ich nie erfahren hatte und so gern erfahren hätte. Ich bin nie so jung, nie so zeitlos gewesen und niemals

Gast. Ich habe versäumt und denke oft daran.

Ich fahre nicht mehr zu den Wasserburgen und sehne mich nicht mehr nach dem Montmartre. Früher habe ich geglaubt, man könne alle Lieben halten und erfüllen. Heute weiß ich, daß das nicht geht. Erfüllen kann man nur eine, die aktuelle. Das Herz läßt sich nicht zurückstellen wie ein Uhrzeiger. Ich spreche nicht vom Auge und seiner unermüdlichen Freude, ich spreche vom Herzen. Es ist ein Unterschied zwischen Sehen und Erleben, zwischen Sehsucht und Sehnsucht. Ich habe es, wie wohl alle Menschen, erst spät erfahren.

Ich bin nicht viel herumgekommen in der Welt. Am weitesten auf Militärfahrschein. Sehen also würde ich ganz gerne noch manches. Es kann sein, daß ich doch noch mal nach Afrika komme oder nach Thailand oder Japan. Ganz sicher aber weiß ich, daß ich mein Herz nicht mitnehmen könnte – es würde bleiben, wo es seit vielen Jahren ist: in der Toskana.

*

Die Toskana ist die Verzeihung Italiens. In diesem silbergrünen Garten gibt es einen Fleck, wo die Erde weggekratzt scheint und

der blanke Stein herausgewachsen ist; das ist Florenz. Eine steinerne Stadt. Wenn man auf dem Giottoturm steht, sieht man es deutlich. Ab und zu schießt etwas Grün durch, aber es wirkt wie Unkraut, das man schleunigst jäten müßte. Der Duft der großen Welt weht zu den Triforen des Turms herauf, meist Shell und Esso, und das Karussell von achtzigtausend Autos brandet um den weiß-rot-grünen Marmor des Doms. Ich möchte wissen, warum sich Dichter immer zu solchen Aussprüchen versteigen wie »Firenze sogna« – Florenz träumt. Es hat niemals geträumt. Wo andere weinen, schweigt es; wo andere erschrecken, lacht es; wo andere träumen, errötet es.
Die Ziegel der verschachtelten Dächer sind grau vor Alter. Wenn ein Sonnenstrahl darüber streicht, kräuseln sie sich wie ein See unter dem Wind. Manche tragen spitze, gläserne Hüte; das sind die Lichtschächte des zwanzigsten Jahrhunderts, in denen makellos maßgekleidete Herren, meist Rechtsanwälte, die die Florentiner Ironie in den Augen tragen wie andere ein Monokel, in Fahrstühlen zu ihren Renaissance-Büros emporschweben mit der Zeitlupengeschwindigkeit des Rauches, der aus den Kaminen in den Himmel steigt. Nur

über San Spirito ist kein gläserner Hut zu sehen. Dort wuchern auf den Ziegeln die vielen Küchenloggien mit Wäscheleinen und Kanarienvögeln, die Geranienterrassen der poveri, der kleinen Leute, die erst am Abend, wenn der Arno in der untergehenden Sonne rot zu glühen beginnt, herauskommen, auf den Brückengeländern und Brunnenrändern wie die Tauben hocken, um so von ihrer Stadt Besitz zu ergreifen.

Früher haben sie – ich habe es vor dem Kriege noch erlebt – gesungen wie die toskanischen Nachtigallen. So schön und genauso lästig. Die halbe Nacht hindurch. Nun singen sie nicht mehr, denn sie sind alt geworden, und die Jugend ist nicht mehr arm.

Sie sitzen nur da und lassen die Welt an sich vorüberziehen. Ab und zu, so alle Jahre einmal oder zweimal, vergewissern sie sich, ob ihr Palazzo Vecchio oder der Giottoturm noch stehen. Wenn man von oben herabblickt, erkennt man sie leicht, nicht etwa an der Kleidung, sondern daran, daß sie prinzipiell bei Rot über die Kreuzung gehen und daß immer ein Polizist mit ihnen beschäftigt ist. »Scusi . . . «, beginnt der höfliche Hüter des Gesetzes, der vermutlich aus Urbino stammt;

aber der povero winkt ab und lächelt: »Verzeihen? Ich hab' Ihnen nichts zu verzeihen, denn ich habe Sie nicht beleidigt.« Nicht wahr, Sie verstehen, warum die Florentiner sagen: Das größte Glück wäre es, wenn es in Italien mehr Toskaner und weniger Italiener gäbe.
Bevölkerung gibt es überall in der Welt: Volk ist selten. Die Toskaner sind Volk.
Eines Tages sah Enzo Carli, der in Siena, dieser verrücktesten aller toskanischen Städte, in der romantischsten Behausung unter den Soffitten der Pinakothek wohnt (da er ihr Direktor ist), in einer Dorfkirche seines Machtbereiches ein Madonnenbild von ungewöhnlicher Scheußlichkeit. Ein Bild des vorigen Jahrhunderts; aber das Holz, auf dem es gemalt war, war uralt. Die Schwierigkeit war die, daß die Madonna sich einmal als wundertätig erwiesen hatte. Die Toskaner glauben nicht an Wunder, aber die Pfarrer müssen es. Enzo Carli, der als einziger Mensch in der Welt sprechen kann, ohne Atem holen zu müssen, überzeugte den verängstigten Pfarrer, daß das Gemälde abgewaschen werden müsse, weil wahrscheinlich ein altes Bild darunterstecke.

Es geschah. In langer, mühevoller Arbeit. Und siehe da, die Madonna war wirklich wundertätig: sie verschwand und gab den Blick frei auf eine andere Madonna, diesmal von der Hand Simone Martinis, einem der strahlendsten Sterne am sternenübersäten Himmel der Toskana, dem Zeitgenossen Duccios und Giottos.

Kein Zweifel, das Bild gehörte in die Pinakothek und nicht mehr in die Dorfkirche! Carli machte sich auf, es zu holen. Als er auf dem Heimweg war, sah er einen langen Zug entgegenkommen: Das Volk von Siena, Bäcker, Ingenieure, Metzger, Arbeiter, Schuster, Lehrer, Direktoren und Omnibusschaffner waren aufgebrochen, um ihren Simone Martini wie einst schon einmal vor 650 Jahren mit Musik und Fahnen heimzugeleiten. Wie ein Triumphator zog das alte, kostbare, wurmstichige, bemalte Stückchen Holz durch die Gassen der ebenso alten, kostbaren, wurmstichigen Stadt.

Ich weiß, daß ich weniger glücklich wäre, wenn ich nie mehr unter den Toskanern leben dürfte.

*

Ich stehe jedesmal auf und trete an das Fenster des Zuges oder auf den Gang hinaus, wenn wir die Tunnels des Apennin hinter uns haben und die Berge zum Arno-Tal abzufallen beginnen. Die Hänge sind blaugrün von Oliven; jedesmal aufs neue ein Anblick, der mich entzückt. Im Sommer wie im Winter liegt dieser sfumato-Schleier über dem Land. Ich komme oft mit der Bahn, ohne Auto. Ich miete mir dann einen Cinquecento, er ist inzwischen beinahe mein ständiges Faktotum geworden, er trägt, weiß Gott warum, eine neapolitanische Nummer und ist daher für Strafmandate so gut wie unerreichbar, denn mit Neapel hat man Nachsicht in Florenz. Sein innerer Komfort ähnelt etwa den W.C.'s in Eisenbahnen 3. Klasse, und mehr als siebzig Stundenkilometer schafft er nicht. Zum Glück.

Der Zug zischt am Monte Morello, dem Florentiner Wetteranzeiger, vorbei. Jenseits, im Osten, liegt das Mugellotal, wo in einem kleinen Bauernhaus Giotto geboren wurde. Im Westen kann man die Monti Albani sehen, auf deren Höhen Vinci liegt. Die Casa, in der Leonardo das Licht der Welt erblickt hat, existiert noch. Wenn Sie dort an einem schönen

Sommertag einen Cinquecento hinaufschnaufen sehen – das bin ich! Wenn Sie aber jemanden nach Vespignano di Mugello aufsteigen oder auf einer Mauer sitzen sehen, überlegend, ob die alten Dokumente, die von Giotto sprechen, wirklich dieses Haus gemeint haben können – das bin auch ich. Natürlich nicht zur selben Stunde, denn ich bin ja kein Vogel, der an zwei Orten zur gleichen Zeit sein kann.

Im Süden liegt San Gimignano, die Stadt der düsteren Türme, wo Simone Martini geboren ist; ein paar Kilometer weiter Siena, wo man immer noch nach dem Hause Duccios sucht. Nicht weit davon, in Borgo San Sepolcro, ist Piero della Francesca geboren. Ganz in der Nähe, in Caprese, Michelangelo. Wie oft habe ich so schon Florenz umkreist und werde niemals fertig. Was ich an den alten Häusern habe? Ich suche sie, wie Stanley die Quellen des Nils gesucht hat.

*

Ich lebe in Bildern, meine Aufzählung verrät es. Natürlich weiß ich, daß in Florenz auch das Klavier und in Pistoia die Pistole erfun-

den worden sind: gegen beide dieser lautstarken Dinge habe ich nichts einzuwenden, sofern sie maßvoll benutzt werden.
Ich lebe in Bildern. Florenz hat allein zweitausend davon – in den Kellermagazinen. Ich bin noch nicht zu ihnen vorgedrungen, weil ich dauernd Verabredungen in den Uffizien habe. Mit Dürer, mit Hugo van der Goes, mit Botticelli, Filippo Lippi, Leonardo, Mantegna, oft mit allen zusammen, wobei ich den Dolmetscher machen muß.
Ich habe Museen schon geschätzt, als ich noch Schüler war. Ich traf dort meine ersten Damen, im Sommer, wenn es draußen zu heiß, und im Winter, wenn es draußen zu kalt war. Museen sind in Deutschland wegen der Empfindlichkeit der Bilder immer genau temperiert. Über diesen, doch eigentlich recht liebenswürdigen Umgang kam ich schon als Tertianer zu einem vertrauten, ja geradezu wohligen Verhältnis zu den Museen. Später, als ich ein Mädchen von Memling einem lebendigen, was die Anbetung betraf, längst vorzog, war es mir ein leichtes, mir dieses Verhältnis zu bewahren. Die Sache ist nur die, daß die Uffizien nicht geheizt sind. Lediglich der rechte, der Rubensflügel, emp-

fängt die Abgase der darunterliegenden Direktorenwohnung; man erkennt es weniger an der Temperatur als an den Fußboden-Rosten, über denen sich die Besucherinnen postieren und sich die Röcke bauschen lassen.

Und dennoch sind die Uffizien gerade im Winter schön, weil sie dann leer sind. Vom Café Rivoire weht der Geruch der frisch gekochten berühmten Wasserschokolade und vom nahen Arno der des Dezembernebels herüber. Weihnachten steht vor der Tür; am Arno-Ufer entlang stellen Händler ihre Christbäume auf. Man sollte einen Sprung, ein kleines Sprünglein, hinauf in die Uffizien machen und sich nur die »Verkündigungen« ansehen. Es ist die Zeit dazu.

Simone Martinis Verkündigung, als älteste, hängt gleich als eines der ersten Bilder im zweiten Saal, und Martini lächelt, als er sieht (was er bei mir nun schon gewohnt ist), daß ich mich von ihr kaum trennen kann. Mit der Geschmeidigkeit einer Schmeichelei und der Zartheit einer Pawlowa sinkt Martinis Verkündigungsengel vor Maria hin, vor einer jungen Frau, die sich – oder sehe ich nicht recht – gepeinigt, verängstigt, schmerzvoll

wegwendet. Sagt nicht die Bibel: Siehe, ich verkündige Euch eine große Freude?
»Aber, aber!« schüttelt Simone den Kopf und zieht dem heiligen Ansanus von Lippo Memmi das Lukas-Evangelium aus der Tasche, »hier«, sagt er und klopft auf Vers 28 bis 38, »hier steht es anders, und ich habe viele Nächte darüber nachgedacht. Ich habe damals dem Duccio, als er seine Predellen-Verkündigung malte, gesagt: Warum, Messer, lächelt Eure Maria, wenn in der Bibel steht: ›Sie erschrak über die Rede des Engels‹, und der Engel muß sie beruhigen: ... ›fürchte Dich nicht, Maria.‹ Messer Duccio – Ihr wißt ja, daß er ein fürchterlicher Brausekopf war – antwortete: Das ist mir egal, ganz egal, soll sie empfunden haben, was sie will, für mich, Duccio di Buoninsegna, ist die Verkündigung ein Fest, capito?!«
»Und?« fragte ich Simone.
Er klappte das Buch zu und gab es Sankt Ansanus zurück: »Ich malte dann *meine* Maria.«
»Die schönere.«
»Vielleicht. Jedenfalls die ärmere, die erbarmungswürdige.«
»Ist das nicht das Schönere?«

»Ich weiß nicht«, sagte Simone und seufzte, »mehr geliebt in der Welt werden die, die ein leichteres Herz haben als ich. Doch geht nur weiter, Signore, und schaut Euch die anderen an.«
Aber ich konnte plötzlich nicht mehr. Ich mochte nicht mehr und ging zu Rivoire, Schokolade trinken.
Ich finde, so soll man es machen.

*

Unter den Pflastersteinen der Piazza Repubblica, über die täglich Tausende Florentiner und Tausende Fremde gehen, liegt das antike Florenz, das Florenz der Römerzeit. Alle Florentiner wissen es, keiner möchte es sehen. Ich auch nicht. Verraten Sie es keinem, es braucht niemand zu wissen. Man stieß darauf, als man vor Jahren eine Tiefgarage für die Schafsherde der droben dumpf parkenden Autos ausheben wollte. Entsetzt ließ man alles wieder fallen. Florenz ist die Renaissance – um ein Haar wäre man unglücklich geworden.
Auch ich. Florenz ist die Renaissance. In den Kirchen, in den Palazzi blicken ihre Men-

schen von den Bildern, in den Gewölben von düsteren Schusterwerkstätten kommen unter dem Mörtel die Bruchstücke der alten Fresken heraus, und Mediceer Gesichter mit Hakennasen oder Lorenzo-Gesichter grüßen die Lorenzo-Gesichter, die auf dem Schusterschemel unter ihnen sitzen.
Goethe ist nach drei Tagen aus Florenz abgereist. Er suchte die Antike. Rätselhaft für die Toskaner. Bei dem Wort Antike machen sie ein Gesicht, als wollten sie sagen: Nie davon gehört; soviel wir wissen, wurde die Welt von Dante erschaffen.

*

Das Land rings um Florenz hat – ich weiß nicht wieviele – Pfarrer, mindestens jeder zweite ist ein Don Camillo. Sie sitzen auf ihren alten, stockfleckigen Pfarrhöfen an den Berghängen, vor sich das Panorama über das Tal, über sich den fast immer blauen Himmel, hinter sich den kommunistischen Erbpachtbauern. Oft stiefele ich, wenn ich mir mal eine Zeitung gekauft habe und mich wider alle Vernunft die malinconia anfällt, zu Don Ruggero hinauf, der auch so einer ist. Er hat seinesgleichen nicht in Deutschland, sonst wären wir alle glücklicher.

Don Ruggero geht nie in Hosen, er kennt nur zwei Kleidungen: Soutane oder Monteurkombi. In der Kombi hat er seine Pfarre umgebaut, Zentralheizung gelegt, den Glockenstuhl elektrifiziert, die Stallungen für seine dreihundert Hühner errichtet (von denen er lebt) und die alte, komplizierte Barock-Uhr des Marchese repariert. Er sieht, so oder so, imposant aus, sehr groß, mager, grauhaarig, hakennasig. Auf der Terrasse, unter einem Plafond von Glyzinien, deren blaue Blütentrauben herunterhängen wie eine für den Abend vorbereitete Illumination, kann man mit ihm in der Nachmittagssonne sitzen, rauchen und zuhören.

Da kommen zum Beispiel die Teresa und ihre sechzehnjährige Tochter Josefa (Josefa statt Giuseppina, wegen Josef Stalin) durchs Tor, zielgerade auf ihn zu.

»Per bacco!« sagt Don Ruggero, »du kommst doch nicht etwa schon wieder wegen der Fahne, Teresa?«

»Nein, Priore, sondern weil Josefa solche Angst hat. Aber wegen der Fahne, Priore: Mio marito sagt, daß Sie Josefa nur deshalb

nicht die Fahne tragen lassen, weil er Kommunist ist.«
»Blödsinn. Und was ist mit Josefa los? Warum hat sie Angst?«
»Ich weiß nicht, was ich machen soll, Priore, mio marito ist nicht zu Hause. Josefa ist beinahe von einer Schlange gebissen worden.«
»Wie sah sie aus, Josefa?«
»Sooo lang, Priore, oben so wie Erde mit einem dünnen Strich und unten dunkler und mit einem langen Kopf.« (Blindschleiche)
»Na und, Josefa?«
»Ja nun, Priore! Die Schlange ist direkt in ein Loch in der Hausmauer geflüchtet. Was sollen wir bloß tun?«
»Gar nichts. Es ist doch alles tadellos. Sie kann ja nicht mehr raus.«
»Wieso nicht?« staunt Josefa.
»Weil sie sich nicht umdrehen kann, sie hat ja keine Beine!«
Josefas Gesicht entspannt sich. »Wahrhaftig«, sagt sie befreit.
»Siehst du«, sagt Don Ruggero, »und nun, Teresa, gehst du heim und sagst deinem Mann, daß Josefa beim nächsten Corpus Domini die Fahne tragen wird als Belohnung dafür, daß er ein so kluges Kind gezeugt und

es nach dem Heiligen Joseph genannt hat. Arrivederci, ihr zwei Lieben.«
Don Ruggero läßt danach noch einmal Kaffee kochen und stopft sich die Pfeife.
»Nicht wahr, Signor Giovacchino, auch *deshalb* kommen Sie immer wieder zu uns, nicht wahr? Kennen Sie das:

›Se, nella notte profonda,
la interroghi . . .

Und fragst Du sie um Mitternacht,
sie sagt mit tiefer Einfalt:
Ich bin Ruth, die Magd.
Spann Deine Flügel
über Deine Magd.
Du bist der Erbe.
Du erbst Venedig und Kasan
und Rom,
Florenz wird Dein sein,
der Pisaner Dom . . . ‹

Ihr Rilke. Dort unten, dort im Dachgarten des gelben Hauses am Arno, sehen Sie, dort beim Ponte alle Grazie hat er gewohnt.«

*

Wenn auf der Akropolis und im Tal von Olympia 38 Grad im Schatten sind, packt Pan seine Sachen (die Flöte und ein Paar Ersatzhufe) und begibt sich, ich bin ganz sicher, in die Toskana. Ich habe seine Gegenwart oft gespürt, er war mir ganz nahe, hinter einem Feigenbaum, einem Rosenbusch, hinter einem Felsen; ich habe ihn, wenn ich mich nicht täusche, lachen hören. Auch schnarchen, in der Sonne unter den Oliven.

Dazu muß man sich viel Zeit nehmen; das geht erst, wenn man kein »Programm« mehr, wenn man Uffizien, Pitti, Siena, Arezzo, Lucca, Pisa und alle Kirchen hinter sich hat.

Man steigt zu den Hügeln hinauf, wo die Olivenhaine in Terrassen von Mauer zu Mauer steigen, wo noch Bauern hinter den weißen Rindern pflügen, wo die Wiesen voller wilder Tulpen oder Schwertlilien stehen und man nichts mehr vom Lärm der Stadt hört. Sie liegt wie eine rauhe Steinplatte im Tal, nicht einmal sehr schön, denn sie hat so wenig Türme wie kaum eine andere. Der Arno ist ein dünnes Bändchen, kaum mehr als ein Schleifchen, das man aufziehen könnte.

Scharen von grünen Eidechsen bevölkern die Bäume, und manchmal surren Schwärme von Rosenkäfern vorüber, auf der Wanderschaft. Rosen wachsen überall, es ist die Erde für Rosen, Lilien und Oliven.

Zu Mittag, nach dem Läuten der Dorfglok-

ken, wenn Stadt und Land für kurze Zeit in Schlaf verfallen und auch die Tiere reglos im Schatten liegen und die Augen schließen, dann ist die Stunde des Pan.
Daß er selbst ganz nahe ist, merkt man daran, daß man die Welt vergißt und wunschlos wird.

Der Philosoph im Grase

Weißt du, wieviel Sternlein stehen?
Nein, mein Freund, ich weiß es nicht.
Oleander haben lanzen-
förmig schmale Blätter. An
San Benedetto kehren
unsere lieben Schwalben heim.
Weißdorn heilt;
und Nießwurz tötet.
Dieses weiß ich. Sollt' im Leben
ich mich nicht zufrieden geben?
Was die lange Todesnacht
mir auch für Gedanken macht?
Gräser streicheln mein Gesicht.
Die Zahl der Sterne weiß ich nicht.

Typisch

Kleine freche Krixelkraxelhieroglyphen
hatten Spatzen morgens in den Sand
geschrieben.
Erste Zeile lautet, wenn ich mich nicht
täusche:
Wer dies liest, ist dumm.

Brief an ein Buchhändlerkind zum ersten Geburtstag

Mein lieber Freund Alexander,

noch bist Du Alexander der Kleine. Bald bist Du Alexander der Mittlere. Werde nie Alexander der Große, sonst kommt unser Peter Bamm, bestreut Dich mit Zucker und sperrt Dich zwischen zwei Buchdeckel ein. Da wirst Du platt sein.
Da ich vernommen habe, daß Du Dich jetzt schon mit Kunst befaßt, etwa indem Du das Autograph von Enzensberger aus dem Bücherschrank Deines Großvaters holst und in kleine hübsche Mosaike zerlegst, vermute ich, daß Du einen kulturellen Beruf ergreifen wirst.
Wenn Du das tust, dann sieh zu, daß es einer ist, bei dem Du Umsatzsteuerermäßigung als Kulturträger bekommst. Also zum Beispiel Buchhändler.
Heute will ich Dich in die Geheimnisse der Welt des Buches einführen.

Das ist ein Buchhändler – zumindest nach wenigen Jahren. Die Jahresringe trägt er teils an den Fingern, teils unter den Augen.
Den Inhaber einer Buchhandlung erkennst Du daran, daß Du ihn am häufigsten im Geschäft antriffst, während unter den Angestellten Krankheiten grassieren, die ihre Anwesenheit zu einem glücklichen Zufall machen.
Und noch an etwas anderem erkennst Du ihn; Keiner bemißt das Einwickelpapier so aufregend knapp wie er; nicht aus Knickerigkeit, nein, wirklich nicht, sondern weil er nach jahrelanger Pflichtlektüre moderner Literatur

nicht einsieht, warum sauberes Papier bedrucktes Papier schützen soll, statt umgekehrt.

Dies ist eine Jungbuchhändlerin. Die Jungbuchhändlerin hat das Image in ihrer zarten Hand, das Image der ganzen Buchhandlung. Ihre Aufgabe ist es, den üblen Eindruck zu verwischen, den Goethe und Schiller auf die Jugend machen könnten. Sie korrigiert auch immer wieder im Vorübergehen die Altersfehlleistungen des Buchhändlers, indem sie auf dem Auslagetisch Fernau sanft nach hin-

ten schiebt und Kzczyk Wraszczydryl nach vorn zieht.
Mit Recht fühlt sie sich dem Buchhändler gleichberechtigt: beide haben das Kapital eingebracht; er 200 000 Mark, sie das von Marx.
So ausgerüstet erwartet die Buchhandlung allmorgendlich den Ansturm der Edelsten des Volkes. Schon klingelt die Ladentür, und wer tritt ein?

Der Vertreter.
Ja, das ist eine Freude!
Was vertritt der Vertreter? Vor allem erst ein-

mal sich die Beine, denn er hat eine lange Autofahrt hinter sich (Mercedes Automatic mit Bandscheibenbremse). Und was hat der Vertreter? Vor allem ein phänomenales Gedächtnis – nicht für Bücher, nein, nein, von Büchern spricht er nicht – sondern für den Geburtstag der beiden Kleinen des Buchhändlers, für das Rheuma des Ersten Verkäufers und die Zigarettenmarke des Buchhalters.

So fällt der Vertreter wie der Föhn in den Laden ein.

Nebenbei führt er auch Bücher: lauter Bestseller, darunter einen, der lange Zeit in Venezuela verboten war, und einen, der schon in Mozambique die hunderttausend erreicht hat.

Nun will ich Dir erklären, woher die Bücher kommen.

Woher die Kinder kommen, weißt Du: der Storch holt sie aus dem Sumpf. Ganz ähnlich die Bücher. Die meisten jedenfalls.

Zunächst sind sie ja nichts als Manuskripte. Es kommt dann darauf an, wer das Manuskript verlegt; hat es nur die Sekretärin verlegt, so ist die Gefahr für den Buchhandel wieder für ein Jahr gebannt. Für ein Jahr; denn der Auspuff erfolgt zum Herbst, jener an sich schon so melancholisch stimmenden Jahreszeit.

Das ist der Verleger.

Tröste Dich, wenn Du ihn nie zu sehen bekommst. Auch Gott ist unsichtbar.

Der wahrhaft unentbehrliche Kopf eines Verlages ist der Briefkopf.

Jetzt kommen wir zur Verlags-»Mannschaft«, wie die Verleger zu sagen pflegen.

Das ist der alte Lektor.
Er spielte früher halbrechts, jetzt hat er sich in die Verteidigung zurückgezogen.

Das ist der junge Lektor.

Er stürmt linksaußen. Er kennt nur ein Ziel: schießen. Er ist ein Draufgänger.
Famos. Dann soll er mal draufgehen.
Das also sind die Stars. Der Rest ist ganz normal.
Nun aber gilt es, Dir von den Dichtern zu erzählen! Denn auch sie gehören ja in gewissem Sinne zur Welt des Buches.
Wie erkennt man sie, wirst du fragen.
Nun – Schiller hat einmal gesagt: »Es soll der Dichter mit dem König gehen.« Jetzt gibt es aber viel mehr Schriftsteller als Könige. Halte also nicht nach Königen Ausschau, daran sind sie nicht zu erkennen.
Nein, das untrügliche Zeichen ist ein anderes: Keine Buchhandlung ist so abgelegen, daß der Dichter nicht eines Tages auf der Durchreise unerkannt wie Harun al Raschid erschiene, sich wie zufällig nach seinem Werk erkundigte und es stehenden Fußes in drei Exemplaren oder mehr gekauft hätte, wenn es vorrätig gewesen wäre.
Aber es war nicht.
Alexander! Verliere angesichts dieser Schande nicht die Nerven! Zeige mutig auf die Lükke, die in der Reihe der Karl Mays klafft und sage:

»Dort stand es, das Meisterwerk! In zwei Partien.«
Aber sage nicht »drei«; denn das übersteigt vielleicht seine Auflage und wäre unglaubwürdig.
Halte Maß.
Und sei freundlich zu ihm!
Schau:

Das ist der reife Autor.
Je »reifer« – desto ärmer.

Das ist der junge Autor.
Hab auch ihn lieb.

*

Wenn Du kannst.

*

So, das war's, was ich Dir sagen wollte.
Und mach Dir keine Sorgen, es gibt kein unverkäufliches Buch. Halte Dich zur Not an das Beispiel, das Dir Dein Großvater gegeben hat:

Die ganz zähen Werke lege nahe der Tür auf den Fußboden. Gewiß kommt eine Kundin mit ihrem Hund –

– dann greife froh zum Kassenblock und sage: »Gnädige Frau, Ihr Fifi hat soeben Shakespeare gekauft!«

Ars amandi für Alexander

Lieber Alexander,

heute feierst Du Deinen 6. Geburtstag, der Ernst des Lebens ist vorbei, jetzt beginnt die Schule, in der Du zum erstenmal frei von allem Zwang der Erziehung Deine ganze reiche Persönlichkeit entfalten kannst.

Wenn ich Dir hier wieder einmal schreibe, so deshalb, weil Du jetzt in dem Alter bist, in dem Du Dich für Frauen interessieren mußt.

Ich habe gehört, daß ihr in der Schule erst mit neun Jahren in Liebesdingen aufgeklärt werdet, was ich für viel zu spät halte. Daher stelle ich diesen Brief unter das Thema

Ars amandi

Bitte, glaube nicht, daß ich bei dem ersten Wort zwei Buchstaben vergessen habe! Nein, mein Sohn, es ist lateinisch und heißt auf deutsch: »Die Kunst, ein junges Reh zu tranchieren.«

Natürlich muß man dazu ein Verhältnis haben. Die Vorbedingung für ein schönes Verhältnis zu den Frauen ist, sie erst einmal zu begreifen. Jede Frau wünscht sich das; keine Scheu also! Schon Goethe hat gesagt: »Wo du hinfaßt, ist es interessant.« Das stimmt; wie meistens bei Goethe. Aber bedenke auch, daß einer Frau etwas fehlt, was wir Männer, oft in reichem Ausmaße, haben; rühre nicht gleich daran, warte ab. Du verstehst, was ich meine: die Logik.

Auch wird nicht jede Frau Dir liegen. Von hundert kaum achtzig. Damit mußt Du Dich abfinden. Versuche nicht, mit Gewalt in sie zu dringen. Den Zauberstab, dem sich jeder Sesam öffnet, gibt es nicht.

Du wirst, lieber Alexander, auf dem Wege

zum Erfolg vielen Konkurrenten begegnen. Das ist lästig. Andererseits erstrahlt nach einem Sieg Deine Männlichkeit um so heller. Die Zahl der Skalpe macht den Häuptling.
In der Hauptsache sind es vier Typen, die Dir in die Quere kommen werden. Um sie auszuschalten, prügele Dich in Gegenwart einer Dame nicht, sondern erledige alles geistig.
Da ist zum Beispiel diese Type:

Körperlich ist da wenig zu machen, wie schon seine Ohren zeigen. Versetze ihm den geistigen k.o., sage einfach:
»Nanu? Du hier? Hat der Zoo heute Ausgang?«

Diese Ausgabe hier

ist geistig gefährlich, denn sie ist der Klassenprimus, der mit seinem Wissen protzen wird. Er könnte zum Beispiel ganz schweres Geschütz auffahren und behaupten, er habe Faust gelesen und kenne die Jungfrau von Orleans auswendig. Antworte ihm: »Ich nicht, ich habe bei ihr geschlafen.«
Paß auf: Hier muß Deine Angebetete lachen, und Du hast gewonnen. Lacht sie aber nicht, so kennt sie den Witz, ist also vor 1900 geboren und damit nicht Dein Jahrgang.

Um den Schönling

brauchst Du Dir keine Sorge zu machen. Frauen lieben harte Burschen, und die sind nie schön. Wende Dich zu Deiner Dame und sage, indem Du über die Schulter mit dem Daumen auf den Schönling deutest: »Willst du mich nicht deiner Schwester vorstellen?« Aus. Erledigt.

Wir kommen nun zum vierten Typ, der in zwei Gruppen zerfällt. Gemeinsam haben diese Kerle den Glauben, daß Uniformen stets großen Eindruck machen. Die einen schwören dabei auf die alten,

die anderen auf die modernen.

Jacke wie Hose, mein Junge. Beide wollen Helden sein, das ist die Sache. Du mußt Dei-

ner Dame also vor Augen führen, daß sie Armleuchter sind.
Zum Beispiel:
Ihr wollt eure Dame besuchen. Leider blokkiert ein bissiger Köter das Gartentor. Eure Angebetete steht am Fenster, macht aber keine Miene, die Bestie zurückzurufen.
»Na, vorwärts, General«, sagst Du laut.
Nichts rührt sich natürlich.
Das ist Dein großer Augenblick. Du ziehst einen starken Knochen hervor (man sollte immer einen bei sich haben) und hältst ihn dem Köter quer vor die Gitterstäbe hin.

Dann öffnest Du lässig die Gartentür und durchschreitest sie; nicht ohne dem General und dem Sheriff noch ein »Good bye« zuzurufen.
Du trittst vor Deine Dame, verbeugst Dich nonchalant, greifst Dir graziös in den Mund und bietest ihr Deinen Bonbon zum Lutschen an.
Was wirst Du sein?
Beneidet.
Und das ist schöner als geliebt. Und auch moderner.

Herzlich Dein
Joachim Fernau

Die schwache Stunde

Paris. Abend.

Auf dem Bahnsteig des Gare de l'Est. Der D-Zug Paris-Istanbul steht zur Abfahrt bereit. Aus einer Dampfwolke tauchen der Schlafwagenschaffner und ein Reisender auf. Der Schaffner ist ein kleiner Franzose à la Napoleon III., der Reisende, in der Hand ein elegantes Köfferchen, ist der Pianist Stephan Pannier, sehr gut aussehend, durchgeistigt, heiter gelöst, fünfzig Jahre.

DER SCHAFFNER, *gestenreich:* Le waggon est occupé, Monsieur! Es ist alles besetzt, und es ist auch schon alles an Bord.

PANNIER, *verwundert:* Waren Sie Seemann?

DER SCHAFFNER, *würdevoll:* Ich? Niemals.

PANNIER *heftet sich dem Kleinen an die Fersen:* Kein einziges Bett frei? Auch kein ganz kleines?

DER SCHAFFNER, *Verzweiflung mimend:* Es ist ein Bett frei, Monsieur, aber Sie können es nicht haben, mon Dieu! Es ist eine Zweibett-Kabine, und das eine Bett ist von einer Dame belegt!

PANNIER: Und?

DER SCHAFFNER *rollt die Augen zum Himmel:* Folglich kann ich das andere nur einer Person weiblichen Geschlechts geben.

PANNIER, *eifrig:* Wieso folglich? Ich weiß, daß Sie im Notfall einen Herrn und eine Dame zusammen einquartieren dürfen.

DER SCHAFFNER *bleibt überwältigt stehen:* Wo ist hier ein Notfall? Sind Sie Krankenwärter? Sind Sie der Arzt der Dame? Sind Sie ihr Onkel?

Außerdem müßte die Dame einverstanden sein.

PANNIER: Aber, mein Freund! Sie wird! Sie wird! Eilen Sie und schildern Sie mich in glühenden Farben!

Der Schaffner steigt ein; man sieht ihn am Fenster mit einer Dame sprechen; er kehrt nach wenigen Sekunden zurück.

DER SCHAFFNER: Voilà! Die Dame hält Sie für verrückt. Pardon, sie sagte es wörtlich.

Pannier zuckt die Achseln, geht zur offenen Tür des angrenzenden Wagens und steigt ein.

Im gleichen Augenblick tritt aus der Schlafwagentür »besagte« Dame, etwa fünfunddreißig.

DIE DAME: Kann ich auf der nächsten Station wieder zusteigen? Ich will noch in den Speisewagen.

DER SCHAFFNER, *höflich:* Gewiß, Madame! Aber bitte steigen Sie in den nächsten Wagen und gehen Sie im Innern entlang, denn der Zug fährt sofort ab.

Das tut sie. Sie schwingt sich leichtfüßig hinauf und prallt oben fast mit Pannier zusammen.

DIE DAME, *erschrocken:* Pardon!

PANNIER, *auch erschrocken:* Pardon!

Er tritt zur Seite. Dann geht ihm ein Licht auf.

PANNIER: Ah! Die Dame mit den zwei Betten!

DIE DAME: Sind Sie der Herr, der dieses Ansinnen an mich stellte?

PANNIER: So ist es, Madame. Aber wissen Sie kein richtigeres Wort als »Ansinnen«?

DIE DAME: Doch, aber ich wollte höflich bleiben.

PANNIER: Madame – unabhängig vom Reglement der Schlafwagengesellschaft – mich interessiert die Frage: Warum sagten Sie nein? Aus moralischen Gründen oder aus Bequemlichkeit oder etwa weil Sie Furcht haben?

DIE DAME *mustert ihn amüsiert:* Nein. Weil ich schlafwandle.

Sie wendet sich um und geht den Gang hinunter. Der Zug fährt an.

PANNIER *geht hinter der Dame her:* Madame! Wenn Sie sowieso im Schlaf wandeln, könnten Sie dann nicht vielleicht, während ich Ihr Bett benutze, hier vor meinem Abteil auf und ab schlafen?

DIE DAME, *in das leere Abteil, in dem Panniers Köfferchen steht, blickend:* Ist das Ihr Abteil? Sie werden hier ausgezeichnet ruhen. Sehen Sie, der Zug fährt, es steigt also niemand mehr ein.

PANNIER *lacht:* . . . und aus!

DIE DAME *geht weiter, irritiert:* Natürlich nicht aus! Was soll das?

PANNIER *folgt ihr:* Schlafwandeln Sie jetzt zum Speisewagen?

DIE DAME, *ohne sich umzudrehen:* Gewiß, Monsieur. Und ich finde ihn allein.

PANNIER: Wenn ich Ihnen folge, so betrachten Sie das bitte höchst unpersönlich. Ich möchte nur Ihr Gesicht sehen, wenn wir am Ende des Zuges angelangt sind.

DIE DAME, *stirnrunzelnd:* Sie scheinen zu glauben, daß wir keinen Speisewagen mitführen?

PANNIER, *dozierend:* Kein Zug in den fünf Kontinenten dieser Erde, der um diese Nachtzeit einen Kopfbahnhof verläßt, führt einen Speisewagen mit, Madame! Morgen früh wird er angehängt.

DIE DAME: Und heute abend bis Chateau Thiery; dort wird er abgehängt.

PANNIER, *lacht aufreizend:* Hahaha! Wir halten gar nicht in Thiery!

DIE DAME, *indigniert, geht wortlos weiter.*

Schließlich steht sie am Zugende und blickt auf den Schienenstrang hinaus.

Sie ruft spontan und ärgerlich: O mei!

PANNIER, *lebhaft:* Ja, was höre ich? Mutterlaute! Sie sind aus München?

Die Dame dreht sich halb erfreut, halb unsicher um: Sie etwa auch? Also: Grüß Gott, mein Herr. Und was nun? Ich habe Hunger und nichts zu essen.

Ich werde klopfen, der Schlafwagenschaffner wird mir öffnen.

PANNIER, *amüsiert:* Nie! Sagen Sie selbst: Wer kann schon klopfen? Irgendein Bittsteller.

Wir können jetzt gemeinsam zurückwandeln.

Als sie sein Abteil erreichen, öffnet er die Tür: Ich *habe* übrigens zu essen. Willkommen in meinem bescheidenen . . .

DIE DAME: Besten Dank. Ich klopfe lieber.

PANNIER, *leichthin:* Auf baldiges Wiedersehen!

Er macht es sich bequem. Die Dame kehrt alsbald zurück.

PANNIER: Hat er geöffnet?

DIE DAME: Wäre ich dann hier? Welche Idee!

PANNIER: Gerade diese Idee fand ich so schön. Darf ich Ihnen meinen Namen nennen? Ich heiße Pannier.

DIE DAME *setzt sich. Lächelnd:* Daran erkenne ich den Deutschen. Eine Visitenkarte ist ein wahrhaft zuverlässiges Fundament. Ich heiße Uthoff. *Frau* Maria Uthoff.

PANNIER, *etwas gebremst:* Danke.

MARIA, *hinterhältig:* Gefällt Ihnen der Name nicht?

PANNIER *antwortet nicht, schaut sie nur an. Dann packt er seine Fressalien aus:* Wurstbrot?

MARIA: Gern.

PANNIER: Kalten Braten?

MARIA: Herrlich!

PANNIER: Trauben?

MARIA: Wunderbar!

Sie ißt mit Begeisterung, während er sie anstarrt. Dann sagt sie: Die Beleuchtung ist schlecht, nicht wahr? Ich würde an Ihrer Stelle jetzt auch etwas essen und erst morgen früh in meiner Betrachtung fortfahren.

PANNIER, *vergnügt:* Sehr gut. So wollen wir es

halten, Frau ... Ah, jetzt habe ich Ihren Nachnamen vergessen. Darf ich Sie Maria nennen?

Maria, statt einer Antwort, zeichnet wortlos ihr Porträt an die beschlagene Fensterscheibe und schreibt »Uthoff« darunter. Das Bild beginnt an Nase, Mund und Kinn sofort zu tropfen.

PANNIER: Wunderbar! Sind Sie verwandt mit dem bekannten Maler Picasso?

Er schreibt in Windeseile die Noten zu »Wie sich die Bilder gleichen« darunter.

MARIA *lacht und deutet mit dem Finger:* ›Wie sich die Bilder gleichen.‹ Tosca, hab ich's erraten? Sind Sie verwandt mit dem bekannten Pianisten Pannier?

Im selben Moment erschrickt sie, es reißt ihren Kopf herum, sie starrt Pannier an: Um Himmelswillen! Sie sind es wirklich, Sie sind Stephan Pannier – –

Sie schlägt die Hände vor das Gesicht. Dann: Verzeihen Sie meine Albernheiten, ich ...

PANNIER: Darf ich *jetzt* Maria zu Ihnen sagen?

MARIA, *immer noch verwirrt:* Alles! Sie können auch Lieschen zu mir sagen.

PANNIER, *sanft:* Wie gern, Lieschen. Sie sind entzückend.

MARIA, *erschrocken und mit einem Anflug von*

Bitterkeit: Ich habe mich vergessen. Ich hatte so viel Freude an unseren Kindereien . . .

PANNIER *betrachtet sie aufmerksam und liebevoll.*

MARIA *fährt fort:* Ich . . . ich bin es nicht mehr gewohnt, so unbeschwert zu sein. Mein Mann –

sie schüttelt den Kopf und bricht ab.

– Ich . . . war . . . ich war vorhin so vergnügt, wie seit vielen Jahren nicht mehr –

PANNIER, *leise:* Wie schön!

MARIA, *reuig:* Und ich habe Sie nicht erkannt! Seit ich Sie vor acht Jahren zum erstenmal gehört habe, habe ich Sie angebetet – Sie sehen, ich sage es ohne Stottern. Ich habe Sie viermal gehört; viermal! Nur einmal, als Sie im Frühjahr mit Karajan in München waren, konnte ich nicht kommen.

PANNIER: Ich entsinne mich.

MARIA, *erstaunt:* Woran?

PANNIER: An den einen leeren Stuhl.

Maria lacht.

PANNIER: Wie hübsch Sie lachen!

MARIA, *etwas melancholisch:* Es wird wohl daran liegen, daß mein Lachen nicht sehr abgenutzt ist.

PANNIER: Maria –

MARIA: Ja?

PANNIER: Ich bin ganz glücklich, daß wir uns begegnet sind.

MARIA *sieht ihn starr an:* Ich auch. Und ich möchte es ein paar Stunden bleiben. Haben wir noch weit bis Eperney – ich meine, bis ich umsteige in . . .

PANNIER: . . . in den Alltag.

Schritte nähern sich, die Tür wird aufgeschoben,
DER SCHLAFWAGENSCHAFFNER erscheint: Madame! Ich habe mich in meiner Auskunft geirrt, es gibt keinen Speisewagen. Pardon! Falls Sie jetzt den Wunsch haben, Ihr Bett –

MARIA *springt auf:* Stellen Sie sich vor, Monsieur, dieser Herr – Sie erinnern sich?

DER SCHAFFNER: Sehr genau, Madame.

MARIA, *eifrig:* Ich hatte ihn vorhin nicht gesehen, verstehen Sie, und jetzt stellen wir fest –

DER SCHAFFNER: Verstehe, Madame. Welch angenehme Überraschung! Es ist Ihr Herr Onkel.

MARIA, *knallrot:* Ich versichere Ihnen –

DER SCHAFFNER *wehrt ab:* Ich bin Franzose, Madame . . . und selbst zweifacher Onkel. Kann ich Ihren Koffer haben, Monsieur? Bitte, folgen Sie mir an Bord.

MARIA: Waren Sie Seemann?

DER SCHAFFNER: Ich? Niemals!

Er verschwindet mit dem Gepäck.
Maria bleibt in der Mitte des Abteils noch einen Augenblick wie geistesabwesend stehen.
PANNIER: Fehlt noch was?
MARIA: Etwas Courage.
Sie lächelt. Dann folgt sie Pannier zum Schlafwagen.

Warum Liebende sich nicht betrügen

Es läßt sich mathematisch beweisen: Die Formel für die Große Liebe ist

$$a = b$$

Der eine ohne den anderen ist nichts:

$$a - b = 0$$

Ziehen Sie von a auch nur ein Geringes ab, so verliert b automatisch dasselbe:

$$a - x = b - x$$

Fügen Sie dem anderen einen Schmerz zu, so erscheint er auf Ihrer Seite ebenfalls:

$$a + x = b + x$$

Also: Man kann sich nicht selbst betrügen.
Verstehen Sie? Nein? Sie sind kein Mathematiker?
Sie sind kein Liebender, daran liegt's.

Wenn man die Gemälde zählen will, die in Deutschland im letzten Krieg vernichtet worden sind, und in jeder Sekunde ein Bild »abhakt«, so braucht man sechs Stunden – es sind ungefähr zwanzigtausend, zehntausend davon hingen in unseren Museen. Die Sturzflut von 1945 war – wir verdrängen es aus unserem Bewußtsein – eine absolute Kulturkatastrophe, die Vernichtung so gründlich wie noch nie seit dem Dreißigjährigen Kriege. Sie verbrannten gleich in Massen: 7 Dürer, 24 Cranach, 9 Breughel, 21 Rubens, 8 Jordaens, 14 Van Dyck, 20 Teniers, 18 Wouverman, 50 Dietricy, 27 Carriera, 68 Pesne, 31 Blechen, 10 Menzel, 23 Böcklin, 12 Leibl, 15 Thoma, 15 Marée.

Der Schätzwert wird bei mehreren Milliarden liegen. Nun gut – es ist müßig, über Geld zu sprechen. Eine Milliarde ist für uns, die einfachen Bürger, eine schwindelnde Summe: für einen Minister in der Relation zum Bundeshaushalt nur ein Klacks, über den man sich an einem halben Vormittag einigt. Sie sehen, der Geldwert ist leicht zu verschmerzen. Der Kulturwert nur dann, wenn ein Volk noch in der Blüte seiner Jahre steht. Dann schiebt die ungeheure Produktion an Kultur, die der Fruchtbarkeit in der Biologie entspricht, die totale Vernichtung immer wieder hinaus. Nähert sich ein Volksleben aber dem kalten Winter und treibt es nur noch Scheinblüten, so geht jeder Verlust an die Substanz.

Schaffen wir denn noch Kultur? Sind die Überdruß-Experimente unserer Zeit noch Früchte? Ist ein Mülleimer, gekettet an eine verschmutzte Holzwand auf Rädern (»Huldigung für Apoll« von Rauschenberg, auf der Biennale von Venedig präsentiert) noch etwas, über dessen Verlust die Welt einmal weinen wird? Haben Pollock, Bacon, Warhol die Substanz ergänzt?

Sie glauben, ja?

Für den Augenblick zu widerlegen sind Sie nicht, Sie Glücklicher, dem keine Stunde schlägt.

I.
Abschied von der »Tafelrunde«

Eine Frage zuvor: Kennen Sie Arrabal? Wenn Sie ein medienberieselter Mensch sind, dann kennen Sie ihn natürlich. Ein großer Mann, wie ich höre. Was Rudi Dutschke auf politischem Gebiet, ist Arrabal auf kulturellem. Als man ihm in Deutschland einmal die naheliegende Frage vorlegte, ob man den Louvre in Brand stecken sollte, antwortete er: »Ich bin nicht unbedingt dafür, aber es könnte nicht schaden.«

Verzeihen Sie, daß ich mit dieser Abschweifung beginne, aber ich wollte Ihnen einen Repräsentanten unserer Zeit vorführen. Eine Zeit, die aus Unbehagen nicht mehr zurückblicken will, eine Zeit, die entschlossen ist, sich nur von der Gegenwart zu nähren, nur vom Genuß ohne Entsagung und Mühe, nur von Freude ohne die Trauer, wird ein kariöses Gebiß bekommen und bald nicht mehr beißen können. Die Menschheit beginnt, sich in zwei Lager zu teilen, in die Verschleißer und in die Bewahrer. In die Herostraten und in die Hippokraten.

Ich wollte Ihnen nur klarmachen, daß wir mit unserem wehmütigen »Adieu« ganz unter uns sind. Ja, schon das Wort wehmütig ist vollständig aus dem modernen Wortschatz verschwunden, geschweige denn die Wehmut selbst, jene Empfindung, die so seltsam zusammengesetzt ist aus Trauer, Resignation, Liebe und unverlierbarer Erinnerung. Lauter Vokabeln, die die »abgenabelte« Generation nicht mehr kennt.

*

Dreißig Jahre sind seit der großen Sturzflut vergangen, man glaubt, die Verlustliste zu kennen. Um so mehr erschrickt man, wenn man plötzlich entdeckt, daß etwas, was einem vertraut war und was man mit Selbstverständlichkeit noch als existierend annahm, nicht mehr da ist. Wußten Sie, daß Menzels »Tafelrunde Friedrichs des Großen« nicht mehr existiert?

Ein Bild nur – natürlich. Aber merkwürdig, wie es einem einen Stich gibt. Es lebte so stark im Bewußtsein der Deutschen. Es war kein Leonardo da Vinci und kein van Eyck, es war weniger; aber uns bedeutete es mehr. Es hat

einer ganzen Epoche unserer Geschichte das Gesicht gegeben.

Als vor 125 Jahren Adolph Menzel den ersten Pinselstrich an der »Tafelrunde« machte, war er 33 Jahre alt. Er hatte schon die Holzschnitte zu Kuglers Geschichte geschaffen, die ein aufsehenerregender Erfolg waren, und er hatte im stillen Kämmerlein schon das »Balkonzimmer«, die »Schwester im Türrahmen«, die »Abendgesellschaft« und die vielen Fensterausblicke aus seiner dürftigen Wohnung im alten Berlin gemalt, Bilder, die seine wahre Unsterblichkeit begründeten. Aber er schämte sich ihrer ein bißchen. Wie alle Welt damals, glaubte auch er, daß nur »gewaltige« Werke gewaltigen Ruhm brächten.

Am Pfingstsonnabend 1850 war die »Tafelrunde« (2,04 m mal 1,74 m) fertig und verließ sein Atelier. In der Nacht noch schrieb er an seinen Freund Dr. Puhlmann: »Geliebter Alter, endlich hängts Bild auf der Ausstellung, heut Nachmittag um 6 Uhr ließ ichs noch hinfahren, nachdem ich noch gestern Morgen das letzte gemacht hatte ... Mich schläfert, dieser letzten Tage Wirrwarr und dieser letzten Woche Qual war groß.« Wenige Tage

später schrieb er: »Eben kommt mir vom Kunstverein die schriftliche Anzeige zu, daß er, im Falle die endliche Entscheidung des Königs ablehnend ausfiele, den Ankauf meines Bildes für seine Galerie für dieselbe Summe (2000 Thaler), welche ich dem König genannt, beschlossen hat. Dies kommt von einer Seite, auf die ich gar nicht pointiert hatte!«
Der König lehnte ab, der Kunstverein bekam das Bild; es wurde zusammen mit dem zwei Jahre später gemalten »Flötenkonzert« bald der Liebling der Berliner.
Bis zum Zweiten Weltkrieg hing es in der Neuen Nationalgalerie. Dann wurde es in den großen Flakbunker verlagert, der alle Bomben überstand. Bis heute ist ungeklärt, wie es bei der Öffnung des Bunkers noch das Opfer eines Brandes werden konnte. Allein aus dem Besitz der Nationalgalerie verbrannten 866 Gemälde – ein Häufchen Asche.
Die »Tafelrunde« ist, auch mit den Augen des heutigen Kunstkritikers gesehen, ein erstaunliches Werk. (Wir wollen von so bornierten Urteilen wie »Preußenverherrlichung« oder »Farbfotografie« absehen.) Menzel hat in diesem Bild den Historismus vollständig an die Wand gespielt; was uns anrührt, ist gar

nicht mehr das Thema, sondern die rein malerische Kraft, die Belebung der Dinge durch Linie und Farbe, die Souveränität der Malerei und die ungemein geistreiche Komposition. Richard Hamann hat recht, wenn er sagt, man dürfe an Rembrandts »Staalmeesters« denken; hier wie dort sei das Geistgeborene der Situation das Faszinierende, und es sei in seinen geistreichen, kühl-zugespitzten Tönen von außerordentlicher malerischer Qualität.

Gewesen – Es existiert nicht mehr.

II.
Abschied von einem van Gogh

Im Mai 1945 wurde im Salzbergwerk Stassfurt, dem Auslagerungsort des Magdeburger Museums, durch Brandstiftung Vincent van Gogh's Gemälde »Der Maler auf dem Wege zur Arbeit« vernichtet.

Es war nicht sein berühmtestes Bild, nicht sein populärstes, nicht sein erschütterndstes; es war auch nicht sein bestes. Und dennoch ist der Gedanke, daß ausgerechnet dieses Bild zerstört wurde, unerträglich, denn es war das einzige fröhliche, das einzige heitere, vergnügte, das er uns hinterlassen hat.

Es ist ein Augustmorgen, die Alpträume der Nacht sind vorüber, die Sorgen in den vier kahlen Wänden in Arles zurückgeblieben; Theo hat geschrieben, daß Gauguin kommen wird, er hat auch fünfzig francs geschickt und neue Farben – es sieht alles ganz gut aus, na ja, vielleicht nicht alles, aber wenigstens dieser eine Tag. Auf der Landstraße nach Tarascon zieht er dahin, der unglücklich-glückliche Mensch, breitbeinig mutig wie ein Seemann; er wird in Tarascon den Obstgarten malen, er wird ihn malen, daß man das Summen der Luft und das Schlurfen seiner Schritte durch das Gras hören soll. Bon jour, soleil! Was für ein Paradies ist die Erde. »Ich muß so weit kommen, daß meine Bilder so viel wert sind, wie ich dafür ausgebe, sogar noch mehr, denn man muß ja bedenken, wie viele Kosten sie schon gemacht haben.« Ein schöner Tag. Die Sonne ist so wütend grell, daß man gar nicht weiß, wohin sich die Schatten verkriechen können; man sollte sie bei den Bäumen einfach weglassen. Zu denken, daß noch vier Monate bis zum Winter sind! »Ja, ich glaube, es ist das beste, endlich eine Matte und eine Matratze zu kaufen und auf dem Fußboden zu schlafen. Im Winter werden wir dann ja sehen, ob man ein Bett anschaffen muß, ja oder nein ...« Auf der Straße nach Tarascon, Tarascon, Tarascon, herrlicher Tag, Mesdames, Messieurs: hier stiefelt er pfeifend dahin, der total unbekannte, arme Maler namens van Gogh. August 1888.

*

Was für ein trauriges »heiteres« Bild! Es erinnert mich stets (obwohl es so ganz anders ist)

an das lachende Selbstbildnis Rembrandts in Köln. Vor beiden Genies hat die Menschheit so furchtbar versagt, am schlimmsten vor van Gogh.

Als ich vor Jahren in Arles war, bin ich die Wege abgegangen, auf denen er einst gewandert ist; sie haben sich verändert, aber sie sind noch zu finden, der Weg nach Tarascon, die Bahnbrücke, der Platz mit dem Café, die Zugbrücke, der Strand und die Boote von Saintes Maries. Nur etwas fand ich nicht, das Haus, in dem er gewohnt hat.

Ich war im »Jules César« abgestiegen und fragte den Portier danach. Zunächst verstand er das Wort »Gogh« nicht, nicht als »Gog«, nicht als »Goch« und nicht als »Choch«, und ich erinnerte mich, daß schon van Gogh in einem Brief an seinen Bruder Theo geschrieben hatte: »Ich signiere meine Bilder Vincent und nicht van Gogh, aus dem einzigen Grunde, weil diesen letzteren Namen kein Mensch hier aussprechen kann.« Tatsächlich, Vincent, le peintre, verstand der Portier. Er beschrieb mir den Weg in groben Zügen, ganz genau wußte er es nicht. Der Direktor, viersprachig, fügte noch eine Kleinigkeit hinzu – sofern er sich nicht irre.

Ich ging. Unterwegs fragte ich noch acht Personen, die Hälfte schien den Namen nie gehört oder nur verschwommen im Gedächtnis zu haben. Einer sagte, das Viertel gäbe es nicht mehr, ein anderer, es sei unberührt erhalten, aber er wisse nicht wo. Schließlich fand ich mit Hilfe eines Straßenfegers die Eisenbahnunterführung, die van Gogh so oft gemalt hat; und damit, nun schien es mir nicht schwierig, auch den kleinen Platz, an dem sein Haus stand. Aber es schien nur einfach. Wiedererkannt habe ich es nicht. Vielleicht, weil die Tränen, die mir allmählich in die Augen gestiegen waren, mich nicht mehr so gut sehen ließen. Ich schäme mich nicht, es zu sagen. Ich weiß also nicht, wo Vincent van Gogh lebte.

*

Nach München zurückgekehrt, erzählte ich das Erlebnis einem Bekannten. Der wiederum berichtete es einem Redakteur (in dem Glauben, es interessiere ihn), und von diesem erhielt ich die Belehrung, daß »alles ganz anders« sei. Ich hätte die Sache falsch angepackt. Es gäbe in Arles sogar eine Gesell-

schaft zur Pflege des Andenkens an van Gogh, der eine Reihe von wichtigen Honoratioren angehörten, die den Herrn Redakteur seinerzeit auch in zuvorkommendster Weise umhergeführt hätten. So sei das.
Na, dann ist ja alles gut. Wo eine Gesellschaft ist, kann eine teure Stätte nicht untergehen. Es sei denn, daß eine andere Gesellschaft dort einen Supermarkt draufbaut.

III.

ABSCHIED VON DER »BÜSSENDEN MAGDALENA«

Ach, er war ein so netter, braver Mann, der Batoni, der sich bis zu seinem Lebensende nicht entscheiden konnte, ob er sich verschwenderisch mit zwei oder bescheiden nur mit einem »t« schreiben sollte. Er war eine Koryphäe.

Er hat wunderschöne Bildnisse geschaffen: Fürsten, Herzöge und Kardinäle, alle Mächtigen seiner Zeit ließen sich von ihm porträtieren: gute Bildnisse, wirklich. Auch mittelmäßige mythologische und religiöse Bilder hat er gemalt, viele, zahllose. Auch schlechte, ganz schlechte.

Irgendeines muß da logischerweise den Vogel abschießen, das ist klar, und es wäre für ihn alles nicht so schlimm, wenn nicht ausgerechnet jenes, das den Vogel abschießt, sein berühmtestes geworden wäre: die Dresdener »Büßende Magdalena«. In Zehntausenden, vielleicht Hunderttausenden von Reproduktionen hing und hängt noch dieses Bild in den Schlafzimmern Europas, geliebt und immer wieder mit Andacht betrachtet, unter Herzklopfen erstanden, nicht selten unter Opfern bezahlt und in scheuer Freude heimgetragen. Der Schmerz der Besitzer dieser vervielfältigten Magdalena über den Verlust des Originals ist vermutlich nicht meßbar: nicht weil er so groß ist, sondern weil die Betreffenden nie realisiert haben, daß es überhaupt ein Original gibt. Auch ist es sehr fraglich, ob sie ein Original für mehr von Fleisch und Blut halten als jene Reproduktion, die über ihrem Bett hängt.

Unser Schmerz nun, meiner zum Beispiel, über den Verlust des Originals entspricht in Art und Größenordnung, würde ich sagen, ganz genau dem Schmerz, den ich empfände, wenn das UNO-Gebäude in New York plötzlich nicht mehr da wäre.

Pompeo Batoni (Battoni) lebte, und zwar sehr gut, von 1708 bis 1787, also vor zweihundert Jahren. Wenn er heute noch, selbst bei Analphabeten, unsterblich ist, dann durch die »Büßende Magdalena«.

Das nennt man ein bitteres Schicksal.

Batoni kann nichts dafür, Sie auch nicht, ich auch nicht – also wer? Es war ein Volksentscheid! Es tut mir leid, auch wenn damit für

immer Ihr Glaube an das ›gesunde Volksempfinden‹ und Ihr Vertrauen in Volksentscheide einen Stoß bekommt: Es war Volkswille, es war ein Volksentscheid.
Zweihundert Jahre lang hat dieses Bild immer wieder die Frage an die Menschen gestellt: Wen wählt ihr, mich oder Goyas »Hexensabbat«? Mich oder Menzels »Balkonzimmer«? Mich oder Renoirs »Lisa«? Mich oder Picassos »Mademoiselles d'Avignon«? Die Antwort war zahlenmäßig, also im demokratischen Sinne, überwältigend. Nur in einem einzigen Wahlgang erlitt die Magdalena eine Niederlage: gegen Zabateris »Elfenreigen«. Aber dies nur nebenbei.
Wenn wir, Sie und ich, mit einem Lächeln, ja sogar mit einem gewissen Schauer Batonis »Büßende« betrachten, so befinden wir uns in einer höchst merkwürdigen Lage. Wir belächeln und beschauern weder eine technisch mangelhafte Malerei, weder eine stümperhafte Zeichnung oder Farbgebung, noch ein Motiv, das etwa von vornherein albern wäre, denn Büßende jeglichen Geschlechts haben viele große Maler gemalt. Wir belächeln und beschauern auch nicht etwa ein unsinniges Format, überhaupt nichts äußerlich Unvoll-

kommenes oder Unverständliches. Wir belächeln etwas, was wir den Bewunderern niemals klarmachen können. Wir belächeln die Lüge. Nicht etwa eine freche Lüge nach Popart, sondern die ein bißchen verschämte, die mit der Mütze in der Hand und mit einem »Ich wünsche Ihnen so viel Gutes und Schönes, mein Herr« auf den Lippen an unserer Tür steht und anklopft.

Denn an dem Bild stimmt in Wahrheit nichts. Das Thema einer büßenden Frau, die in tiefem Erschrecken über ihr Leben jetzt verzweifelt die Demütigung sucht, dieses Thema ist achtbar. Man kann – sofern man nicht nur ein großer Maler, sondern auch ein großer Mensch ist – das Erschrecken und die Reuezeichen in schöner Sprödigkeit oder im Trotz verbergen, man kann sparsam mit der Andeutung von Entbehrung umgehen, aber dann muß der dargestellte Mensch das alles ausdrücken nicht wie ein Mime, nicht wie einer, dem es recht ist, daß wir ihn so sehen, sondern wie einer, den wir belauschen, wie einer, der sich allein glaubt in seinem Elend.

Wenn dann – wie zum Beispiel bei Jan van Eyck – unser Auge auch noch auf die juwe-

lenhafte Farbe fällt und sich zögernd ihre Schönheit eingesteht, so wird durch den Kontrast von dem Glanz der Welt zu der tief verborgenen, tödlich ernsten Verzweiflung des Büßenden unser Staunen über ein solches Bild nur noch größer.
Armer, braver Batoni! Er hat nichts davon begriffen. Er hat sich von dem schönen Wahn der kleinen Leute leiten lassen, daß große Geister anders sitzen oder liegen als Durchschnittsmenschen, und daß das ihre Größe anzeigt. Er hat empfunden wie ein Stummfilm-Regisseur. Hier spielt Henny Porten die büßende Magdalena. Die Höhle ist sauber und nicht unwohnlich, der Tag heiter, das Licht gut. Das Gewand ist schön arrangiert und Qualität, die Bluse blütenrein. Das Haar fällt anmutig und ist gewiß nicht ungepflegt. Eine Brust ist nackt. Um Himmelswillen, warum? Nein, denken Sie nichts Schlechtes! Es ist reiner Zufall, und wenn wir es sehen, so gönnt sie es uns milde und entrückt lächelnd, denn sie versteht gar nicht mehr, daß wir etwas dabei empfinden, Ihre Körperhaltung ist untadelig und verträgt jederzeit Zeugen. Magdalena liest. Was liest sie wohl? Sie liest die Bibel. Wenn Sie ihren Gesichtsausdruck

betrachten, werden Sie auch wissen, welche Stelle sie liest.
Nein? Aber, aber! Es ist die Stelle: » . . . ihr sind viele Sünden vergeben, denn sie hat viel geliebet.« Lukas 7, Vers 37 bis 50. Sie liest ihre eigene Biographie!! Über ihre vielen Sünden. Und ein feines Lächeln spielt um ihre Lippen.

*

Meine verehrten Leserinnen und Leser, falls ich Sie mit dieser Betrachtung in Zwiespalt gestürzt haben sollte, weil vielleicht Ihre Tante die »Büßende Magdalena« von Batoni über dem Bett hängen hat (wenn es eine Kopie in Öl ist, ist ihr Wert sehr gestiegen), so bitte ich um Entschuldigung. Bitte, grüßen Sie die Tante von mir und sagen Sie ihr, sie könne sich jederzeit auf den Existentialismus berufen. Er sagt aus dem Munde Jean-Paul Sartres: »Jeder schafft seine Werte allein und grundlos. Meine Freiheit allein ist die Begründung der Werte.« Und dann hat Sartre noch gesagt, seit er Maoist geworden ist: »Das Hauptergebnis muß sein, daß man auf Ernsthaftigkeit verzichtet.«

IV.

Abschied von den »Steinklopfern«

Seit 1945 ist die Inventarnummer 2522 der Dresdner Gemäldegalerie gestrichen. Die Nummer bezeichnete das Bild »Die Steinklopfer« von Gustave Courbet, gemalt 1849, Maß 1,59 m mal 2,59 m.

Auf den ersten Blick: ein schönes Bild, ein sehr gutes Bild, kraftvolle Handschrift, pastos in der Oberfläche, tiefe, harmonische Farben, sehr geschlossen, eindringlich, malerisch. Auf den zweiten Blick: dasselbe. Es hält stand. Auf den dritten Blick: dasselbe. Es wächst nicht. Leider. Um zu verstehen, warum dieses Bild zu den »besonders schmerzlichen Verlusten« gezählt zu werden pflegt, muß man etwas abschweifen. Und man muß den Mut haben, einmal die Wahrheit zu sagen. Das möchte ich.

Courbet ist ein großer Name. Ihm haftet etwas von Aufbegehren, Speerschütteln, »Arbeiterstolz vor Fürstenthronen«, von Trotz, Revolte und Marseillaise an. Das alles trifft zu, aber nicht für seine Bilder, sondern für sein Leben. Die unbewußte oder absichtsvolle

Gleichsetzung von Leben und Werk ist falsch, doch gerade diese Verwechslung ist entscheidend geworden für jene ganz bestimmte Sicht, die die heutige Zeit von Courbets Werk hat.
Gustave Courbet wurde 1819 in Ornans bei Bésançon geboren: sein Vater wird gewöhnlich als »einfacher Bauer« apostrophiert. Tatsächlich war er ein begüterter Weinbauer. Der junge Courbet, zuerst ein hübsches Kind, später ein sogenannter schöner Mann, war außerordentlich verwöhnt und machte, was er wollte. Er war, wie viele Männer, bei denen Verwöhnung, »Schönheit« und flüchtige Bildung zusammentreffen, oft hochfahrend und verletzend. Sein Gemälde »Bon jour, Monsieur Courbet« ist ein bewußtes Zeugnis dafür und wird auch allgemein so gedeutet: »Herr« Courbet, zu dieser Zeit schon Kommunist, wirft bei der dargestellten Begegnung den Kopf in den Nacken, während sein nobler Mäzen Bruyas, den Hut tief gezogen, ehrerbietig stillsteht und der Diener hinter ihm den Kopf senkt. Ein Anblick, wie ihn die Welt ruhig mal bieten sollte, nur: Als eigenes Denkmal ist er peinlich. So triumphieren kleine Leute.

Bei den Unruhen von 1830 hatte Delacroix »Die Freiheit führt das Volk an«, gemalt; bei der 48iger Revolution, als sogar in Deutschland Rethel ein Blatt »Der Tod auf den Barrikaden« schnitt, malte Courbet »Nachmittag in Ornans«, »Der Mann mit dem Gürtel«, »Heimkehr vom Markt« und »Die Steinklopfer«. Als 1871 in Paris eine kommunistische Revolutionsregierung die Macht ergriff, wurde Courbet Präsident der Kunstkommission. In dieser Eigenschaft besorgte er die Zerstörung der Vendôme-Säule, – kurioserweise schon seit langem ein Anliegen der Revolutionäre. Nach dem Sturz der Kommune verbüßte Courbet eine Gefängnisstrafe von einem halben Jahr, »wo er wundervolle Stilleben malte«. 1873 versuchte man, ihn für die Kosten der Wiedererrichtung der Vendôme-Säule heranzuziehen; er entzog sich einem Prozeß und floh in die Schweiz.

In La Tour-de-Peilz am Genfer See wohnte er im Café du Centre. Zusammen mit zwei anderen Männern organisierte er eine »industrielle Ausnutzung seiner Malkunst«. Es entstanden Hunderte von Gemälden, von Fremden in Courbets Manier gemalt und mit seinem Namen signiert. Die Verantwortung der Ge-

sellschaft gegenüber machte ihm offenbar keine Schwierigkeiten. 1877 starb er.
Es ist nun sicher leichter zu verstehen, was eine Zeit, die Courbets Leben als dringend notwendig und ihr selbst adäquat empfindet, in ein Bild wie »Die Steinklopfer« hineinsieht. Wenn Lessings berühmter Ausspruch »Sobald ein Kunstrichter verrät, daß er aus der näheren Kenntnis des Lebens des Autors sich des geringsten nachteiligen Zuges wider ihn bedient, hört er auf, ehrlicher Richter zu sein« – wenn dieser Ausspruch Gültigkeit haben soll (und er sollte), dann natürlich auch im umgekehrten Falle.
Revolutionär, sozialistisch, gesellschaftskritisch – nichts von diesen Dingen, die heute an der Kulturbörse als härteste Valuta notiert werden, steckt in seinen Werken. Nicht einmal auf rein malerisch-ästhetischem Gebiet. Man muß schon Franzose sein und nicht über die Grenzen gucken, um dieser Illusion zu erliegen. Als Courbet die Steinklopfer malte, lag Menzels avantgardistisches »Balkonzimmer« schon drei Jahre zurück; war William Turner bereits die grandiose Auflösung der Landschaftskonturen in Lichterscheinungen gelungen; hatte Constable sein wegweisendes

Lebenswerk abgeschlossen und war sogar Daumier schon eine Meile weiter.
Aber auch wenn es anders wäre: Geschichtlicher Avantgardismus ist stets nur eine Nebenbemerkung. Es gibt keine andere Bedeutung eines Gemäldes als die Qualität. Es gibt keine Rechts- und keine Links-Maler, es gibt nur gute und schlechte.
Courbets »Steinklopfer« sind ein gutes Bild, ein sehr gutes, ein ausgezeichnetes.
Der Verlust ist schmerzlich – deshalb. Nur deshalb. Und nicht, weil Courbets Biographie augenblicklich als so chic gilt.

V.
Abschied von den »Dachauerinnen«

Im Besitz der Nationalgalerie Berlin befand sich ein Gemälde von Wilhelm Leibl »Dachauerinnen«, Öl auf Leinwand, 1,40 m mal 1,13 m, gemalt um 1874, das in den letzten Kriegstagen im Mai 1945 vernichtet wurde. Ein berühmtes Bild, dessen Geschichte nicht einen Hauch von etwas Besonderem hat. An dem Bild ist nichts dran, außer daß es schön ist. Das Thema ist das denkbar einfachste, bescheidenste und anspruchsloseste: es gibt keine Probleme auf, es ist nicht wissensbeladen, nicht hintergründig, und es setzt nichts voraus; inhaltlich gibt es nichts, was »verstanden« werden müßte. Zwei Dachauerinnen, bäuerliche Frauen, die eine jung, die andere etwas älter, sitzen an einem Tisch und wenden sich – wohl im Gespräch – einander zu. Das ist alles. Der Vorwand für den Maler ist uns klar: ein Stilleben. Er hätte auch ein paar Birnen und Äpfel zwischen altem Stoff und Schmuck vor weißer Wand wählen können. Was den Verlust dieses Bildes so schmerzlich macht, ist seine rein malerische Qualität, eine

Qualität, wie man sie sogar in bedeutenden Museen unter hundert Gemälden nur einmal trifft. Dieses rein Malerische, das heißt: dieses Musizieren in feinsten, subtilsten Farbnuancen, dieser gedeckte Alt-Gesang in Grauschwarz-weiß und altrosa Tönen, diese malerische Empfindsamkeit nachzufühlen, ist leicht für jeden, dem ein Organ dafür eingeboren ist, und unmöglich oder unzulänglich für den, der in einem Bild eine Neuigkeit sucht oder ein Ereignis oder eine Rührung oder einen Aufschrei oder eine weltanschauliche Abhandlung.

Es ist klar, daß die Generationen Leibl sehr verschieden eingeschätzt haben. *Wie* verschieden, ist erschreckend. Im Jahre 1869, also wenig vor den »Dachauerinnen«, hatte der damals 25jährige Leibl in Düsseldorf ein Bild ausgestellt, für das er eine Goldmedaille bekam. Ein Kritiker nannte ihn »Malerkönig«. Das war also zu der Zeit, als der Gründerstil regierte, und als angeblich alle Augen verklebt waren.

Kurz nach dem Ersten Weltkrieg schrieb der sehr angesehene Kunsthistoriker Luckenbach: »Man hat in letzter Zeit mehrfach Leibl in Hinsicht auf seinen Farbvortrag mit Holbein verglichen; unseres Erachtens steht der alte Meister hinter Leibl zurück, da er Luft und Licht des Innenraums in dieser Vollendung noch nicht hat malen können. Überhaupt dürften wohl die recht behalten, die behaupten, in der Feinheit des malerischen Vortrags werde Leibl von keinem anderen deutschen Maler übertroffen.« Das war also zu der Zeit, als der Expressionismus regierte.

1929 schrieb Otto Fischer in seiner Geschichte der deutschen Malerei: »Leibl hat die vollendetsten, malerisch reichsten Bildnisse seines Jahrhunderts geschaffen ... die neben Holbeins Meisterwerken bestehen können.« Das war also zu der Zeit, als die »gesunde Volkskunst« regierte.

1957 kam Germain Bazin, Direktor des Louvre, zu der Erkenntnis, daß »Leibl in seinem monumentalen Realismus gescheitert« sei. Das war also zu der Zeit, als der Tachismus (la tâche – der Klecks) regierte.

In Knaurs »Malerei aller Zeiten« von 1961 ist Wilhelm Leibl nicht mehr erwähnt ...

Wenn Sie, verehrter Leser, ein strammer Marschierer unserer Zeit sind und volles Vertrauen zu der wunderbaren Kultur der Ge-

genwart haben, dann müssen Sie hier mit dem Lesen aufhören.
Wir anderen dagegen wollen einmal sehen, ob wir uns über die Ewigkeitswerte eines so schlichten Bildes wie der »Dachauerinnen« nicht doch klar werden können.
Zunächst müssen wir einmal unterscheiden zwischen einem Erlebnis und einem Genuß. (Ich muß in beiden Fällen das Wort »inneren« hinzufügen, um den Scherzbolden den Einwand zu nehmen, ein Gänsebraten könne sowohl das eine wie das andere sein.)
Ein Erlebnis, also inneres Erlebnis, kann durch sensuelle Überraschung, durch intellektuelle Verblüffung, durch eine gedankliche Assoziation, kurzum durch einen Effekt zustande kommen. Nicht immer mündet es in einen anhaltenden Genuß. Denn es bedeutet noch keinen Genuß, wenn eine Überraschung auch noch bei einer weiteren Begegnung anhält. Genuß setzt im Gegenteil Stille voraus; er setzt voraus, daß die Emotion abgeklungen ist oder niemals dominiert hat.
Nicht allen Werken, die ein »Erlebnis« sind, gelingt es, darüber hinauszukommen. Picasso zum Beispiel lebte zum größten Teil da-

von, nur zu erregen. Wenn es schon eine Frage ist, wie lange der Einzelne darauf anspricht, so ist es noch viel zweifelhafter, wie lange sich Generationen davon berühren lassen.

Mir scheint, daß die Abklärung vom Erlebnis zum Genuß unerläßlich ist, um ein Werk unsterblich und wirklich groß sein zu lassen. Rembrandt, Grünewald, van Gogh, Manet, Kirchner, Corinth, Soutine haben alle seinerzeit mit dem Kartätschenschuß des Erlebnisses begonnen. Das Erlebnis hat längst die Kraft seiner Überraschung verloren, geblieben ist die hohe, die höchste ästhetische Befriedigung.

Es hat wenige Maler gegeben, die sofort und ohne die erste Stufe des »Erlebnisses« das Ziel erreichten. In deren Bildern steckt von vornherein nichts an Emotion. Wenigen ist es gelungen; denn die Gefahr, blutlos ins Schön-schön und ins sanfte Gefällige abzugleiten, ist groß. Wenn es aber durch eine besondere Begnadung geglückt ist, dann sind Kunstwerke wunderbarer Ruhe entstanden: Piero della Francescas Fresken, Vermeers und Terborchs Bilder, Bracques und Morandis Erbe. Zu diesen Wenigen gehört Leibl mit einem Dutzend Bilder, darunter die »Dachauerinnen«, die nun für immer verloren sind.

VI.

Abschied von »Pan«

Das Bild, das 1945 in Berlin in Flammen aufging, hieß »Das Reich des Pan«, die Maße waren 1,94 m mal 2,57 m, der Maler: Luca Signorelli, geboren 1441, gestorben 1523 in Cortona.

Sie werden das Bild wohl nie gesehen haben; vielleicht haben Sie nicht einmal davon gehört. Das wäre verständlich, aber es macht meine Aufgabe schwierig. Ich bin in der Lage eines Mannes, der Sie auffordert, von etwas Abschied zu nehmen, das Sie gar nicht kennengelernt haben.

»Der bockfüßige Pan, aus dessen Zügen das hoheitsvoll Pathetische der Natur selbst spricht, sitzt im stillen Sonnenuntergangslicht, und die zarte Mondsichel krönt seine Locken. Nackte, große Urgestalten stehen rings um ihn, der junge Olympos spielt die Flöte, und ein anderer Jüngling liegt zu seinen Füßen und spielt auf der Rohrpfeife. Sie halten feierliche Zwiesprache, und ihr Thema lautet ›Das Dichterische auf Erden wird niemals verlöschen‹. Der Sonnenuntergang zeugte sie mit dem Tau der Erde, und flüsternd künden sie die Geheimnisse der großen Mutter.« (Bernard Berenson)

Als Luca Signorelli 1491 – schon als berühmter Mann – nach Florenz kam, in das Herz der Toskana, da ist etwas Seltsames in ihm aufgesprungen, etwas, was auch heute noch, nach einem halben Jahrtausend, den einsamen Wanderer an den sonnendurchglühten Olivenhängen befällt: die Ahnung von den Göttern der Antike, die Sehnsucht nach den durch die Haine davongaloppierenden Satyrn, nach dem schnarchenden Silen und dem flötenspielenden Pan.

Signorelli kam von Siena hergeritten; die alte strada senese überwindet bei Ponte a Ema den letzten Hügel und gibt dann zum erstenmal den Blick frei auf das Arnotal, in dessen Mitte das (damals wie heute) steinerne Florenz wie ein Athen im Attischen Mittag liegt. Vom Giottoturm des Domes läuteten die christlichen Glocken, aber die Luft roch heidnisch. Er war der erste, der es wahrnahm. Er stammte aus der braven »Provinz« und kam gerade aus dem päpstlichen Rom, die Nase noch voller Sixtinischer Kapelle; er mußte es

wissen. Und er wußte es schon, als er Florenz unter sich liegen sah.
Bisher hatte er nichts als fromme, christliche Bilder gesehen und nichts anderes gemalt. Die ganze Welt, soweit er sie kannte, dachte in solchen Bildern. Noch vor vier Wochen, in Rom, lebte er in Gedanken zwischen Jüngsten Gerichten, Moses, Marien und Heiligen. Was war das, was ihn hier überkam? Eine kurze Stimmung? Eine flüchtige humanistische Erinnerung? Nein, es war ein neues Lebensgefühl, ein sanftes, ein ins Heidnische verklärtes.
Gibt es für das Alter etwas Schöneres, als sich von Hölle und Verdammnis zu befreien und zu einem besonnten apollinischen Frieden zu kommen?
Herr in Florenz war zu diesem Zeitpunkt Lorenzo il Magnifico. Der hochgebildete Mediceer bestellte bei Signorellis Ankunft sofort ein Gemälde bei ihm – ohne zu wissen, was es werden würde. Es wurde unser Bild, die Hymne an Pan. Eines ist sicher: Signorelli selbst wird überraschter gewesen sein als Lorenzo Medici.
Es hatte einen Vorläufer gegeben, und Lorenzo besaß schon Bilder von ihm, nämlich

Antonio Pollaiuolo, älter als Signorelli und Florentiner, das heißt also beinahe: Athener von Geblüt. Aber niemand vor Signorelli, auch Pollaiuolo nicht, hat das heidnisch Körperhafte und die melancholische Verzauberung so deutlich gespürt, so stark erlebt und so feierlich gemalt. Die Körper – wenn man sich nur einmal die Mühe macht, sich hineinzusehen – sind eine ganz rätselhafte Mischung von Plastizität und Flächigkeit, von tiefer Bronze und Traum-und-Schaum. Er wollte das Weltgefühl längstvergangener Zeiten, so wie es ihn beim Betreten von Florenz verzaubert hatte, in dem Schönsten malen, was die Antike besessen hat: in dem vegetativen Körper. Eine Generation später machte Michelangelo es zu seinem künstlerischen Glaubensbekenntnis.

Giorgio Vasari, der uns die Lebensbeschreibungen der großen Renaissancemaler hinterlassen hat, schildert Signorelli als milden, abgeklärten und immer freundlichen Mann. Die Vasaris in Arezzo waren Verwandte der Signorellis von Cortona. Giorgio Vasari hat Luca Signorelli selbst noch erlebt: »Er wohnte (1519/20) in unserem Hause in Arezzo, woselbst ich als ein Kind von acht Jahren war, und ich entsinne mich sehr wohl des guten alten Herrn. Der Lehrer, der mich im ersten Anfang der Wissenschaften damals unterrichtete, klagte ihm einmal, ich täte in der Schule nichts als Figuren zeichnen. Ich erinnere mich gut, wie sich darauf Luca an meinen Vater wandte und sagte: ›Laß den kleinen Giorgio auf jeden Fall zeichnen lernen, es gereicht der Bildung nur zur Ehre.‹ Er sprach dann noch vielerlei Schönes zu mir, was ich aber verschweigen will, weil ich sehr wohl weiß, daß ich die Erwartungen nicht erfüllt habe. Als er einmal sah, daß ich an Nasenbluten litt, band er mir mit eigener Hand liebevoll einen Jaspis um den Hals. (!) Als er Arezzo wieder verließ, gab eine große Menge ihm das Ehrengeleit. Alle diese Erinnerungen an Luca werden mir fest in der Seele bleiben.«

»Pan« ist Signorellis bedeutendstes und interessantestes Werk gewesen. Vom Kunstgeschichtlichen her unersetzlich.

VII.

Abschied von der »Gregorsmesse«

Schon früh, drei Jahre vor dem Ende des Krieges, fiel bei einem Bombenangriff auf Lübeck auch der Hauptaltar der Marienkirche den Flammen zum Opfer; mit ihm das Gemälde »Die Messe des heiligen Gregor« von Bernt Notke, gemalt um 1500, Holz, 2,50 mal 3,57 m. Das Thema ist die Legende um Gregor I., dem bei einer Messe das Wunder geschah, daß der Kruzifixus lebendig wurde und vom Kreuz stieg.

Ein beklemmendes Bild, gruselig und erschreckend düster. Kein Bild, das man sich hinhängen wollte, kein Bild, das man haben möchte; und sollten Sie noch weitergehen und sagen: ein abscheuliches, abstoßendes Gemälde, so gebe ich Ihnen zwar nicht recht, aber ich weiß, was Sie meinen.

Und nun merken Sie wohl auf: Das gleiche meinte Bernt Notke. Alles, was Ihnen bei dem Anblick durch den Kopf schießt, genau das dachte und fühlte auch er.

Aber ehe wir darüber sprechen, müssen Sie wissen, wer Bernt Notke ist und was er uns an gesicherten Bildern von eigener Hand hinterlassen hat: nichts mehr. Bernt Notke, Maler und Bildschnitzer, muß um 1435 geboren sein, wir wissen sehr wenig aus seinem Leben. Er stammte aus Lassan oder Lassahn, die Schreibweise ist unzuverlässig, aber leider nicht unwichtig. Lassan liegt in Vorpommern, Lassahn im Holsteinischen, also nahe Lübeck, wo er die ersten Jahrzehnte seiner Meisterzeit verbrachte. Dort schuf er eine Reihe von Werken, Bilder, von denen wir keine Kunde haben, oder Gemälde wie den Flügel des Schonenfahreraltars, die zum großen Teil die Hand von Gehilfen zeigen. Aber er schuf in jener Zeit etwas anderes, was ihn mit einem Schlage unter die größten gotischen Bildhauer des Nordens rückte: das sogenannte »Triumph-Kreuz«, dessen vielteilige Figurengruppen, einige überlebensgroß, heute im St. Annen-Museum in Lübeck stehen und einen überwältigenden Eindruck von Bernt Notke hinterlassen.

Da ist noch nichts zu spüren von der Glaubensbitterkeit und dem makabren Symbolismus der »Gregorsmesse«.

Notke folgte dann einem Ruf des damals allmächtigen Reichsverwesers Sten Sture nach

Schweden. Als alter Mann erst kam er zurück. Kurze Zeit vor seinem Tode (ca. 1508) malte er dann noch die »Gregorsmesse«, sein bedeutendstes Bild.
Sie werden beim ersten Hinsehen fühlen, daß das Bild einmalig in dem Ausdruck seiner bitteren Verächtlichmachung der Heuchelei in der Welt, der Bestechlichkeit und Käuflichkeit des menschlichen Herzens und der Leere der Riten ist. Man hat, eben weil der Ausdruck so in die Augen springt, viel darüber geschrieben. Gerne nicht. Ein berühmter Kunsthistoriker sieht diese Gruppe von Klerikern auf dem Bilde so: »Ein hartes, aber seinem Gott mit äußerster Hingabe dienendes Geschlecht. Der Schmerzensmann hat sich auf dem Altartisch in Bewegung gesetzt, ohne daß die Mehrzahl der Beteiligten dies bemerkt hat.«
Weiter sieht der Professor nichts? Fromme Wünsche! Wenn das alles wäre, würde uns das Gemälde nicht diesen Ruck geben. Das Bild zeigt etwas anderes: Eine prunkvolle, aber makabre Schar von heilsgierigen Greisen, die nicht einen Deut von Demut oder Gnaden-Unsicherheit zeigen, steht Schlange und drängt sich zu der kleinen Gestalt des

vom Kreuz gestiegenen Christus. Ein Bild von schneidender Psychologie. Der Monolog eines verbitterten Christen, der im Alter den Glauben an die Mittlerrolle Sterblicher verloren hat und jetzt mit seinem Gott nur noch allein spricht – wie es *wer* gepredigt hat? Ein paar Jahre später schlug Luther die 95 Thesen an, und 1530 wurde Lübeck protestantisch.

VIII.
Abschied von den »Fischern mit Netzen am Lagerfeuer«

In den letzten Tagen des Zweiten Weltkrieges wurde auch das Bild mit der Inventar-Nummer A II/671 der Berliner Nationalgalerie vernichtet: die »Fischer mit Netzen am Lagerfeuer« von Karl Gustav Carus, Öl auf Leinwand, 100 cm mal 71 cm.

Das Gemälde befand sich ausgelagert im Flakturm am Zoo, einem Hochbunker, der allen Bomben standgehalten hat.

Das Verhängnis trat erst dann ein, als der Bunker übergeben wurde und eine Hand Feuer legte. Hunderte von Bildern verbrannten.

Hätte man damals eines davon retten können, es wären gewiß nicht die Fischer von Carus gewesen. Auch nicht unter zehn. Vielleicht nicht einmal unter hundert. Zu viele große Namen hätten sich vorgedrängt, zu viele auf ihre Unersetzlichkeit gepocht. Es ist klar: Ich habe das Bild aus anderen Gründen in die Reihe der melancholischen Adieux hereingeschmuggelt. Aus welchen?

Weil der Schöpfer dieses Bildes gar kein Maler, sondern Arzt war.
Carus wurde 1789 in Leipzig geboren und starb 1869 in Dresden. Er studierte Medizin, promovierte als Zweiundzwanzigjähriger, habilitierte sich und erhielt bereits als Sechsundzwanzigjähriger einen Ruf als Professor für Gynäkologie und Direktor der Medizinisch-chirurgischen Akademie nach Dresden. 1827 berief ihn der König als Leibarzt. Ein hervorragender Arzt, der im Dienste des Helfens und Heilens aufging. In den Nachtstunden vertiefte er sich in die Philosophie. Er wurde der Freund und Biograph Goethes und legte 1846 in seiner Schrift »Psyche« eine ganze naturwissenschaftliche Theorie über den Aufbau der Organismen durch unbewußte psychische Funktionen vor. Einige Jahre später verfaßte er die »Symbolik der Menschengestalt« und ein »Organon der Naturerkenntnis«.
Sein Leben war buchstäblich bis zum Bersten mit Schöpferischem ausgefüllt. In der Frühe des Morgens, an Sonntagen und in den wenigen Ferienwochen malte er. Er hatte noch als Student einige Stunden auf der Leipziger Kunstakademie absolviert, war aber in Wahr-

heit Autodidakt. Als Kind seiner Zeit liebte er die Romantik und das Biedermeier leidenschaftlich. Er sah die Welt mit den gleichen Augen wie Caspar David Friedrich und Kersting, die er beide gut kannte, eine Welt, in der er nach so vielen Duellen mit dem Tod und nach so vielen Gedankenmühen in Frieden ausruhen wollte. Die Problematik dieser biedermeierlichen Sehnsucht und die Diskrepanz zwischen Träumen und wissenschaftlicher Objektivität war ihm bewußter als irgendeinem anderen, ausgenommen vielleicht Goethe, der auch darüber geklagt hat. Carus setzte sich hin und schrieb, um auch darüber Klarheit zu erhalten, 1831 sein ästhetisches Glaubensbekenntnis über die Malerei, das ihn damals mit einem Schlage zum führenden Kopf unter den Künstlern machte und heute noch zu den rührendsten Dokumenten jener Zeit gehört.

Ein bewundernswertes und außerordentlich liebenswertes Leben. Aus dem Vollen des Menschenmöglichen gelebt. Die heutige Zeit bezeichnet es dünnblütig als »Doppelbegabung«. Bei Verstorbenen, wohlgemerkt. Seien wir uns darüber im klaren, daß das gleiche bei einem Lebenden im Zeitalter der Speziali-

sierung anrüchig wäre. Stellen Sie sich heutzutage einen Universitätsprofessor und Chefarzt einer Klinik vor, der nebenher in Konzerten sänge oder auf der Kö ausstellte!
Voilà, un homme. Nicht die Spannweite seiner Flügel unterscheidet ihn von Goethe, nur die Höhe seines Fluges. Und eine ganze Welt trennt ihn natürlich von den »Doppelbegabungen«, den »Auch-Malern« wie Churchill und Eisenhower, die ihre entbehrlichen Bilder hinpinselten, indem sie den Schwamm aufgesogener Kunsterinnerungen über der Leinwand ausdrückten.
Carus hat wunderschöne Bilder geschaffen, wie die zauberhafte, lavendelduftende »Kahnfahrt auf der Elbe« im Düsseldorfer Museum; aber das Strahlen geht nicht von seinen Bildern aus, sondern von der Gestalt Carus'.
Er hat nur wenige Gemälde hinterlassen, sehr wenige im Vergleich zu anderen, und deshalb ist auch das mäßigste von ihm noch hütenswerter als das achthundertste von den zweitausend Jan van Goyens. Zum Glück waren die »Fischer mit Netzen am Lagerfeuer« nur ein mäßiges Bild.

Wenn die Verlage niederkommen . . . Zur Frankfurter Buchmesse

Früher lag die alljährliche große Niederkunft im neunten Monat, im September; aber die Buchmesse mußte den Autos weichen. Gegen ein Auto kommt nichts auf; höchstens das Münchner Oktoberfest, weil es zusätzlich etwas hat, was keine andere Messe bietet: action. Auf dem Oktoberfest kann man mit Bierseideln werfen und kreischen, wenn sich einem auf der Gespensterbahn die Knochenhand eines Geistes entgegenstreckt. Auf der Buchmesse begegnet man keinem Geist. Und was das Werfen anlangt, so ist der tapfere Versuch einiger elitärer Anarchisten Ende der sechziger Jahre wieder eingeschlafen. Es wäre eine Gelegenheit gewesen, sich den Namen Messe wirklich zu verdienen. Denn wenn Sie in dem guten, alten Meyerschen Konversationslexikon nachschlagen, so finden Sie unter dem Stichwort Messe, profan, folgende erhellenden Sätze: »Messen, Märkte, die sich von Jahrmärkten durch größeren Umfang unterscheiden, besonders die längere Zeit dauernden

Märkte; aber begrifflich nicht unterschieden.«
Verleger drucken Lexika, aber sie lesen sie nicht. Sie sind ahnungslos. Sie sitzen in den Kojen, schaukeln ihre Neugeborenen im Arm und lächeln wie alle Väter, auch wenn das Kind etwas schwach auf der Brust ist. Und der Strom der Besucher zieht fußmüde und prospektlastig an ihnen vorüber. Ab und zu kann man einen (wie die Verkehrspolizei es nennt) »Kolonnenspringer« beobachten. Das ist ein Buchhändler, der in einer Koje eine korkenziehende Verlagsassistentin entdeckt hat und dort eine kurze Rast einzulegen gedenkt. Man rechnet auf Seiten der Verlage durchschnittlich mit einer Bestellung von zwei Büchern auf drei Cognacs.
Im Augenblick, während ich dies schreibe, machen sich 3900 Verleger und 8125 Verlagsdamen fertig, in die Messehallen zu starten. Das ist eine enorme Zahl. Mit weniger hielt der alte Nettelbeck die Festung Kolberg gegen Napoleon und Graf Starhemberg sein Wien gegen die Türken.
Die Zahl nimmt von Jahr zu Jahr zu. 1968 waren es 3000 Aussteller, heute sind es 3900. Damals schleppten sie 180000 Neuerschei-

nungen heran, diesmal sind es 251 000. Wer sie kaufen soll, weiß der liebe Gott. Wenn man für jeden Titel (und darunter sind natürlich auch Bücher wie »Keine Angst vor Falten« und »Mit dem Eisschrank auf du und du«) – wenn man für jeden Titel nur zweitausend Exemplare Auflage rechnet, so wälzt sich eine Flut von fünfhundert Millionen neuer Bücher auf uns zu. Es wird auf einen Wettlauf mit der Bevölkerung der Erde hinauslaufen; in hundert Jahren könnte der berühmte Ausspruch Henri IV. erfüllt sein, daß jedermann sonntags sein Buch im Topf haben soll.

Um fünfhundert Millionen Bücher zu drukken, wurden bestimmt anderthalb Milliarden Mark in Bewegung gesetzt; und um sie zu kaufen, müssen mindestens zwanzig Milliarden den Besitzer wechseln. Da kann man sehen, was die Menschen für die Dichter zu opfern bereit sind! Es ist ein heroisches Opfer, wenn man bedenkt, daß man mit zwanzig Milliarden bereits die gesamte Wirtschaft Polens sanieren könnte. Aber nein, so ein dummer Mensch geht hin und kauft Bücher!

Was reizt ihn dazu?

Dazu reizt ihn viererlei. Erstens das unausgelastete Bücherbord, in dessen Lücken immer noch der Aschenbecher aus Venedig und der Buddha aus Bangkok stehen. Zweitens die Tatsache, daß ein Buch etwa den Preis eines mittleren Blumenstraußes hat, aber als Geschenk weit aparter ist. Drittens die Entwicklung des Fersehens; es gibt nur wenige Bücher, die noch langweiliger sind. Viertens die Mode. Die drei ersten Gründe wird jedermann leicht einsehen; den vierten hingegen müssen wir einmal genauer unter die Lupe nehmen.

Wenn Herr Dior sagt, die Röcke werden länger, dann werden sie länger. Woher nimmt Herr Dior seine Macht? Er nimmt sie aus dem langsam aufgebauten Ruhm seines Namens und aus der Erkenntnis, daß wir eine Hammelherde sind. (Die letzte, weltweite Hammelherdenbewegung war die Anti-Hammelherdenbewegung der Hippies.) Genauso verhält es sich im Geistigen. Das Buch ist durch den Lesehunger nach dem Kriege groß geworden und dann, wie alles Großgewordene, zur Mode. Das kann sich natürlich jederzeit ändern, wenn das Entziffern von Worten für die aus der modernen Hauptschule hervorgegange-

ne Generation körperlich zu schmerzhaft wird.
Innerhalb der Mode »Buch« gibt es nun wiederum deutlich sichtbare Modeströmungen. Die ersten Buchmessen waren noch indifferent und standen ganz unter dem Motto »Horch, was kommt von draußen rein«; sie waren eigentlich amerikanische Verkaufsstände, bis 1959 die deutschen Autoren nach vorn drängelten, allen voran die ellbogenbegabte »Gruppe 47«. Man wälzte das einzige Menschheitsproblem, die Vergangenheitsbewältigung und stöhnte unter der Last, ein Deutscher zu sein. Zur Verwunderung aller wurde damals jedoch ein ganz anderes Buch ein Bestseller: »Und sie schämeten sich nicht«. Selbstverständlich zeigten die berufenen Sittenhüter des Volkswartbundes das »unanständige« Buch der Prüfstelle für jugendgefährdende Schriften an. Zum Leidwesen des Autors wurde es freigesprochen. Nun – die Sittenwächter gibt es längst nicht mehr, die Herren sind nach Hause gegangen und ihre Töchter haben sich aus den Richterroben schwarze Hot pants geschneidert. 1967 verstaubte schon »Lolita« in jedem Bücherschrank, der »progressiv« sein wollte.

Ein herrliches Wort! Etwas dunkel und daher so recht dazu angetan, die nächste Modewelle in Bewegung zu setzen.
Sie kam. Goethe war Mist, Schiller war Gift. Ein hochberühmter Wirrkopf empfahl, in das Burgtheater eine Tüte mit Exkrementen mitzunehmen. Die Dichter nannten sich jetzt »Macher« und rieten, die Mehrzahl der Menschheit als reaktionäres Ungeziefer zu verbraten. Die »Belletristik« brachte Ideologie auf Flaschen gezogen, die Sachbücher gaben Anleitung zum Basteln von Molotow-Cocktails. Jeder Jugendliche, der etwas auf sich und den strammen Sitz seiner Hose hielt, las sie (broschiert) begeistert. 1968 erreichte die Mode den Höhepunkt, jugendlicher Mob demolierte die Buchmesse und stürmte die Paulskirche, in der der feierliche Akt der Friedenspreisverleihung an dem würdigen schwarzen Monsieur Senghor stattfinden sollte. Wer nicht unter den Fußtritten im Rinnstein lag, stob rezessiv davon. Das war ein schöner Sieg für die »Macher«.
Geduckt schlichen im Jahre darauf die Verleger zur Messe, aber siehe, es geschah gar nichts. (Von solchen Kleinigkeiten wie der Zerstörung des südafrikanischen Messestan-

des abgesehen.) Die Welle war gestrandet. Mit ihr einige Verlage.
1970: Die Porno-Mode erreichte ihren Höhepunkt. Josefine Mutzenbacher ging unsichtbar als Triumphatorin durch die Hallen. Zum erstenmal ersparte nicht nur die Axt im Haus, sondern auch ein Buch den Zimmermann.
Das Jahr 1971 gebar dann eine Modeströmung, die bis heute angehalten hat: die Autobiographie. Ihre Zahl geht sicher in die Hunderte. Es begann mit dem »Geschenkten Gaul« und ist über die »Dicke Lilli« und »Alter Narr – was nun?« im Augenblick bei einer Beichte des Meinhof-Exgatten angelangt. Die Konsumfreudigkeit des Publikums ist verblüffend und läßt darauf schließen, daß die Mode nun auch die letzte Raumpflegerin erreicht hat.
An dieser Stelle, verehrte Leser, höre ich Sie sagen: Wollen Sie, mein Herr, nicht endlich zur Gegenwart kommen und etwas über die Buchmesse 1975 sagen?
Jawohl. Das ist schnell getan. Auf der 1975iger Messe ist das größte Ereignis zweifellos ein Roman, der alles überragt, was seit Goethe geschrieben wurde. Ich bin zu be-

scheiden, um Ihnen den Titel des Romans und den Autor zu nennen. Aber – so viel darf ich verraten – Sie finden das Buch im Kreiss-Saal 5 a, Koje 1096. Der Autor wird nicht anwesend sein, obwohl das Fernsehen versprochen hat, ihn hinter Simmel und Böll zweimal durchs Bild huschen zu lassen.

*

Aber eines glaubt man nicht,
doch man lernt es noch erkennen:
daß, was heut am lautsten spricht,
wofür alle Herzen brennen,
daß, wo Mode formt das Kleid,
auch der Geist tauscht seine Trachten,
und *ein* Richter nur: die Zeit,
als ein letzter sei zu achten.

Grillparzer, wenn ich mich nicht irre.

Wenn die Messehallen im abendlichen Scheinwerferlicht erstrahlen, sitzt der erfolglose, der erfolglos gewordene alte, kränkelnde Schriftsteller mit seiner ebenfalls alt und kränkelnd gewordenen, aber immer noch treuen und gläubigen Lebensgefährtin in sei-

nem Zimmer in der Vorstadtstraße, schiebt noch ein bißchen Kohle nach, denn das Alter friert leicht, und wartet auf den Ultimo und die Sozialrente. Ganz hinten am Horizont sieht er die Lichter Frankfurts, sozusagen die Protuberanzen des Ruhms, und preßt die Lippen fest zusammen. Dann legt seine Frau die Hand auf die seine und sagt:
»Gott sitzt da oben, nicht in Frankfurt. Sei nicht traurig, wir halten schon durch.«

Nicht katzenfreundlich

Mit den Journalisten ergeht es mir wie mit den Katzen. Ich habe nichts gegen Katzen, wenn sie tun, wozu sie da sind; aber sie haben sich angewöhnt, mit Koteletts gefüttert zu werden und dennoch auf Singvögel Jagd zu machen. Mir sind Hunde lieber.

Dem Ernst mitten ins Gesicht

Natürlich sind Sie kein Verlagsfachmann, wahrscheinlich auch kein Jurist. Auf jeden Fall haben Sie schon einmal einen »Vertrag« geschlossen und jene zwei oder vier Bögen ausgefüllt, von denen die beiden ersten Seiten groß gedruckt sind und von den Vorzügen dieses Vertrages handeln. Die restlichen Seiten enthalten in winzigen Buchstaben, jedoch in Hunderten von Worten jene Fußangeln und Tretminen, die man Ihnen erst vorliest, wenn das Malheur passiert ist.

Nicht genauso, aber ähnlich müssen Sie sich einen Verlagsvertrag zwischen Autor und Verleger vorstellen. Ich sage »zwischen« – das ist natürlich Schönfärberei. In Wahrheit ist es eine souveräne Kaufbestätigung des Verlegers an einem Artikel, der statt Käse oder Tomaten zufällig ein Buch ist.

Der liebe Gott als Einziger weiß, warum zum Beispiel stets der Verlag den Vertrag formuliert, warum immer auf seinem Kopfbogen und warum immer mit dem berühmten »Gerichtsstand ist der Sitz des Verlages«.

Wenn Sie als Autor einen Namen haben (ins

Geschäftsdeutsch übersetzt: wenn Sie dem Verlag schon mindestens fünfhunderttausend Mark verdient haben), dann dürfen Sie sich plötzlich einmal von der Tarantel stechen lassen und selbst einen Vertrag aufsetzen. Die meisten, die einen Namen haben, sind dazu inzwischen allerdings zu müde.
Ich habe es jedoch einmal getan – nie wieder! Denn er hat mich Jahre später bei Gelegenheit einer Vorlage aller Verträge vor einem Berliner Gericht bei den todernsten Juristen derart als Hanswurst mißkreditiert, daß ich meinen Prozeß nicht gewann.

Er lautete wörtlich:

VERLAGSVERTRAG

zwischen

der F. A. Herbig Verlagsbuchhandlung (Walter Kahnert), Berlin-Grunewald, Hohenzollerndamm 132 (und ihrem Rechtsnachfolger)

und

Herrn Joachim Fernau, München 13, Tengstraße 39, als Verfasser (und seinem Rechtsnachfolger).

§ 1

Anläßlich des 60. Geburtstages seines Verlegers hat der Verfasser mit der Arbeit an einer Erzählung begonnen, die den Titel tragen soll:

Weinsberg
oder
Die Kunst der stachligen Liebe

Diese Erzählung wird ca. 100 bis 120 Schreibmaschinenseiten lang werden. Der Umfang des fertigen Buches sollte jedoch so voluminös wie möglich gehalten werden. Dem Verlag wird es aufgrund seiner Erfahrungen mit den Memoiren des Peterhans von Binningen sicherlich eine Kleinigkeit sein, den Umfang des fertigen Buches auf 150 bis 160 Seiten auszudehnen.
Die Erzählung wird im Sommer 1962 fertiggestellt sein. Wenn der Verfasser nicht zwischendurch vom Tannewetzel getroffen wird oder sich über seinen Verleger krank ärgert, wird er das Manuskript am 1. Juli 1962 ablie-

fern. Das Buch könnte dann in Anbetracht des üblichen Höllentempos von Verlagsproduktionen den Erscheinungstermin Ostern 1963 gerade noch mit Mühe und Not erreichen.

§ 2

Selbstverständlich bestimmt der Verlag die Höhe des Ladenpreises. Er soll aber immerhin so hoch liegen, daß trotz der Tatsache, daß Verleger immer zusetzen, für den Autor wenigstens ein Honorar von mindestens DM 1,– pro Buch herausspringt. Über dieses Grundgesetz hinaus wird der Verlag dem Verfasser folgende Prozentsätze als Honorare vom Ladenpreis zahlen:

1. – 5. Tausend	10 %
6. – 20. Tausend	12,5 %
ab 21. Tausend	15 %

§ 3

Der Verlag erklärt sich, obwohl er schon monatlich die eigenen Gehälter zahlen muß, dennoch bereit, dem Autor wenigstens vierteljährlich über die verkauften Exemplare abzurechnen. Und zwar jeweils zum 31. März, 30. Juni, 30. September und 31. Dezember jeden Jahres. Die Abrechnung hat innerhalb von 15 (20 – Nach dem letzten Brief des Verlegers vom Autor schreckerfüllt geändert. F.) Tagen die Geldüberweisung innerhalb von 30 Tagen nach diesen Terminen in den gierigen Händen des Verfassers zu sein.

§ 4

Zu den zahllosen Rechten des Verlages gehört selbstverständlich auch das, den Autor die Korrekturarbeit machen zu lassen, obwohl er ja eigentlich mit der Herstellung des Buches nichts zu tun hat. Immerhin will der Verlag dem Verfasser die Druckbogen frei von normalen Satzfehlern übersenden. Er gibt dieses Versprechen, obwohl er weiß, daß er es nicht halten wird. Textänderungen kann der Verfasser noch im Druckbogen vornehmen, sofern die Korrekturkosten unter 10 % der gesamten Satzkosten bleiben. Ausgenommen von dieser Einschränkung sind die Mehrkosten, die durch das Rückverbessern von »selber« in »selbst« und von »umher« in »herum« entstehen.

§ 5

Die Ausstattung des Buches obliegt natürlich dem Verleger. Der Verfasser hat jedoch das Recht, sich zu beklagen.
In der Frage der Illustrierung des Werkes muß Einstimmigkeit zwischen Verfasser und Verlag erzielt werden, andernfalls Illustrationen wegfallen. Sollte Picasso sich zur Illustrierung bereiterklären, so verspricht der Verfasser, diese Angelegenheit wohlwollend zu prüfen.

§ 6

Der Verfasser mag getrost 4 Freiexemplare je 1000 gedruckte erhalten. Der Verlag hat dafür auf der anderen Seite das Recht, wahllos mit Frei- und Rezensionsexemplaren um sich zu schmeißen. Er wird besonders die feindliche Presse damit beschießen.

§ 7

Der Verlag kann mit Einverständnis des Verfassers das vorgenannte Manuskript für Nachdrucke, für Buchgemeinschaften, billige Ausgaben, Goldschnitt, Taschenbuchausgaben, Paperbacks, Band-, Schall- und Rauch-

Aufnahmen sowie für Rundfunksendungen vergeben. Geht das auf alleinige Bemühungen des Verlags zurück, so wird der Netto-Eingang 50 : 50 % zwischen Verfasser und Verlag geteilt. Geht es auf den Verfasser zurück, so erhält der Verfasser 75 %. Alle anderen Rechte bleiben beim Verfasser.

§ 8

Um dem Verlag einen besonderen Gefallen zu tun, wird hier ein Lieblingsparagraph wiederholt, der an sich vollkommen sinnlos ist: Sollte durch Einwirkung höherer Gewalt – z.B. einschneidende Veränderungen auf wirtschaftlichem Gebiet (Pleite ?), vor allem bei der Papierbeschaffung – durch Unruhen, Vulkanausbrüche, schwere Erdbeben, Pestepidemien, Revolutionen, Kriege oder Mandelentzündung der Verlag verhindert sein, den Erscheinungstermin einzuhalten, so bleibt der Vertrag trotzdem bestehen, nur wird die Herausgabe durch den Verlag so lange verschoben, bis wieder normale Verhältnisse eingetreten sind. Sollte der Krieg als normaler Zustand angesehen werden, so ist entsprechend zu handeln. Sollte der Autor sich erdreisten, das Werk zu seinem 80. Geburtstag dennoch bei einem anderen Verlag herauszubringen, so wird auf schweren Säbel, Distanz 10 m erkannt.

§ 9

Die Rechte an dem Buch fallen an den Autor zurück, wenn der Bestand der verkaufsfähigen Stücke unter hundert sinkt und der Verlag eine Neuauflage nicht beabsichtigt. Desgleichen, wenn in zwei aufeinanderfolgenden Kalenderjahren weniger als je 150 Stück abgesetzt werden. Restbestände werden entweder eingestampft oder im Preis herabgesetzt oder an den Verfasser zum Herstellungspreis abgegeben, der sich damit dann billig seine Wände tapezieren kann.

§ 10

Auf Wunsch des Verlages pflegt der sogenannte Erfüllungsort der Sitz des Verlages zu sein. Warum nicht auch einmal der Sitz des Autors, ist allerdings unerfindlich. In diesem Vertrag einigen sich beide Parteien auf die Formulierung: Erfüllungsort ist einer der beiden Sitze des Verlages: Berlin oder Bonn. Der Anreiseweg des Autors ist dann etwa gleich weit.

§ 11

Dieser Vertrag wird hinfällig, wenn der Verleger nicht folgende Bedingung erfüllt: Er hat bis zum 1. April 1962, in einem Abstand von einem Monat *zweimal* vollständig, sorgfältig, unter Auslassung der beiden Vorworte die Erzählung von Kurt Tucholsky »Rheinsberg« (zum Abgewöhnen) zu lesen, also nur den reinen Text der Erzählung. Der Verfasser hat das Recht, durch einen Buchprüfer die Erfüllung dieses Paragraphen nachprüfen zu lassen.

München, den 6. 11. 1961 Berlin, den 10. 11. 1961

(Joachim Fernau)

Wie aus der Göttin das Glücksschwein wurde

Kein Wort in der Welt ist so oft im Munde geführt worden, so oft als Stoßseufzer, als Freudenruf, als stiller Wunsch oder als laute Beschwörung ausgesprochen worden wie das Wort Glück – jenes Wort, mit dem die Menschen etwas bezeichnen, was alle zu verstehen glauben und niemand erklären kann.
Wir sagen »Glück«, die Römer nannten es »Fortuna«, die Griechen »Tyche«, die Ägypter hatten ein Zeichen dafür, in Babylon findet man das Wort in Stein gemeißelt, und es steht in den uralten indischen Veden geschrieben. Alle haben etwas anderes darunter verstanden, denn das Leben hat sich in den Jahrtausenden gewandelt, immer aber hatte das Wort etwas von Jubel, von lichtem Glanz, von Lächeln und strahlenden Augen an sich. »Das Glück« ist ein Wort, das dem Himmel sehr nahe ist.
Vielleicht ist der Begriff aus der Erinnerung an das Paradies gekommen, denn er ist, wie die Geschichte der Menschheit zeigt, geradezu eine Zwangsvorstellung, der keine Zeit und

keine Rasse entgangen ist, so, wie die Vorstellung von einem verlorenen Paradies wohl ein Denkzwang ist, denn alle Völker hatten sie. Ein Denkzwang oder ein Sehnsuchtszwang unserer Seele.

Fortuna ist »das Glück«, es ist nicht einfach »Glück« im Sinne von Glückhaben oder Glükken. Dieses armselige Glückhaben, das der Volksmund viel richtiger und drastisch mit »Schwein« bezeichnet, ist weiter nichts als die Bezeichnung für einen famosen Zufall. Das Wort hat deutlich einen leichtfertigen Klang, es ist von Händereiben begleitet, es ist, um überhaupt existieren zu können, davon abhängig, daß es »Pech« gibt. Es vergleicht, es ist also relativ. Es lebt davon, daß andere kein »Glück haben«. Es geht auf ihre Kosten.

Um diesen simplen Begriff »Glück haben« zu finden, bedurfte es keines großen Aufschwunges der menschlichen Seele, keines Höhenfluges, keiner Sehnsucht. Diese Art »Glück« hätte nie eine Gottheit geboren. Für die Römer war es der casus secundus, der glückliche Zufall, die angenehme Wendung. Derlei Geschenke hatten alle Götter in der Tasche.

Jedoch, als sich die Griechen vor dreitausend

Jahren die Göttin Tyche schufen, wollten sie in ihr »das« Glück versinnbildlicht sehen. Tyche war die Harmonie selbst, sie war das Ruhen im Universum. Sie war eins mit den Gesetzen der Welt und im Einklang mit dem Pulsschlag des Lebens. Ihre Seele war unfähig einer Disharmonie mit dem Schicksal – nie stand daher das Schicksal gegen sie auf. Nie einer der anderen Götter.

Tyche war das Gute in absoluter Reinheit. Sie war notgedrungen und zwangsläufig gut, und zwar durch und durch, denn es war ihr Sinn, im Rahmen des Schicksals und der Gesetze der Götter zu bleiben. Auch wenn sie auf Erden eingriff, übertrat sie sie nie. Sie hätte für den, dem sie helfen wollte, das große Los aus der Urne gezogen – wenn es drin war; nie aber hätte sie wie der Spitzbube Hermes oder die launische Hera oder der unberechenbare Zeus ein Los hineingeschmuggelt.

Ernster ausgedrückt: sie blieb in der Kausalität. Die Griechen fanden das einen wunderbaren Gedanken.

Er war es. Er war es eben deshalb, weil Tyche damit das Glück innerhalb der göttlichen Gesetze demonstrierte. Sie war in der Lage der Menschen, konnte also ein echtes Vorbild sein. Tyche kannte, wie die Irdischen, Wünsche, sie kannte sogar Lust und Schmerz, Leid und Trauer; sie zeigte, daß alle diese Regungen nicht hindern, im Zustand der größten Harmonie und des reinsten Glücks zu sein. Die Philosophie lehrt heute noch dasselbe. Mit der Schöpfung der Tyche hat sich die griechische Seele weit über alle Vorstellungen und Sehnsüchte erhoben, die vorher je ein Volk gehabt hat.

Aber wer die Natur der Menschen kennt, weiß, daß nicht die Kausalität, sondern das Wunder ihr liebstes Kind ist und bleibt. Und das Wunder ist die Akausalität, das Außerkraftsetzen dessen, was »eigentlich« kommen müßte.

Der Wunsch, einem Schicksal zu entgehen, indem das Glück die Gesetze sprengt, dieser Wunsch ist uralt. Und er ist stark; stärker als alle Vernunft.

Auch die Griechen hatten ihn. Sie sogar ganz besonders. Wer Homers Ilias und Odyssee gelesen hat, weiß, welche Spitzbuben des Herzens sie waren. Mit ihren Göttern waren sie beständig am Verhandeln. Und so dauerte es nicht lange, da verhandelten sie auch mit Tyche. Einige Jahrhunderte lang weigerte sich die Reine, die Gute, standhaft – dann war es um sie geschehen. Sie half über die Gesetze des Schicksals hinweg! Mit ihrer Unschuld hatte sie das kleine Wörtchen »das« verloren. Sie war »Glück« geworden.

Das geschah etwa im 6. oder 5. Jahrhundert vor Christus. Um diese Zeit kam Tyche, nunmehr »Glück«, unter dem Namen Fortuna nach Rom.

Rom war damals noch weit entfernt von einem Weltreich, es war ein kleiner Stadtstaat, reichte gerade bis zur Küste und hatte alle Hände voll zu tun, sich seiner großen Nachbarn, vor allem der Etrusker zu erwehren. Rom machte damals noch nicht Geschichte. Das haben spätere Generationen erdichtet. Die schöne Sage aus jener Zeit, daß der Etruskerkönig Porsenna vergeblich Rom belagerte, und aus Bewunderung vor Gaius Mucius Scaevola und dessen Mutprobe abzog, ist eben nur eine Sage. Die Wahrheit ist, daß Porsenna mit der Stadt kurzen Prozeß machte und kein Gaius Mucius, indem er die Hand ins Feuer streckte, ihn davon abschrecken konnte.

Nicht Mut, Glück hatte Rom nötig.

Mit Fortuna kam es. Die Römer erwarteten es

auch nicht anders, denn was aus Hellas kam, mußte unübertroffen sein. Hellas stand auf der strahlenden Bühne des Welttheaters; für die römischen Hinterwäldler ein Wunderland des Geistes. Da hatten sie recht; sie selbst mit ihrem angelsächsisch nüchternen Herzen hätten Fortuna auch nie ersinnen können.

In Griechenland war Tyche zeitweilig unpopulärer gewesen als manche Quellnymphe; in Rom wurde Fortuna die gefeiertste Göttin. Daß es nun zwischen den vielen verehrten, geliebten, aber auch gefürchteten Gottheiten eine gab, bei der das Fürchten ganz wegfiel, eine Spezialistin für günstige Schicksalswendungen, das erfüllte die Römer mit heller Freude, und sie ließen keine Gelegenheit mehr aus, Fortuna durch Altäre und Tempel, Umzüge, Feste und Spiele zu feiern.

Zu einer Göttin I. Klasse hat es Fortuna allerdings nie gebracht. Ihr haftete immer etwas Unseriöses an. Das lag nicht daran, daß sie launisch und unbeständig war – das waren die anderen Götter auch –, es lag daran, daß sie verspätet hinzugekommen und eigentlich ohne Geschäftsbereich im Himmel war. Sie lebte – modern ausgedrückt – von Interventionen.

Es ist heute sehr schwer zu klären, ob man sie immer für eine Fürsprecherin (mit nur kleinen Befugnissen) hielt, oder ob man, zumindest später, glaubte, sie greife eigenmächtig in das Rad des Schicksals. Sicher hat man, je mehr die scheue, archaische Frömmigkeit schwand, an das zweite geglaubt.
Tyche, die Reine, die schöne Gehorsame, die Glückliche, war nun zu einer Göttin ohne *eigene* Eigenschaften geworden. Alle Götter hatten originelle Charaktere – sie nicht mehr. Sie war eine Macht ohne eigenes Gesicht; sie war wie die Millionärstochter, die sich dadurch einen Namen macht, daß sie das Geld des Vaters verschenkt. Welcher Arme – und wir Menschen sind alle einmal in irgendeiner Situation sehr arm –, wer liebt da solch ein Wesen nicht? Die Römer liebten Fortuna heiß. Als Plutarch seine Abhandlung über die römische Fortuna schrieb, also Mitte des 1. Jahrhunderts nach Christus, hatte der Glückskult schon eine solche Form und ein solches Ausmaß angenommen, daß er als Grieche sich kaum durch das Gestrüpp hindurchfand. Jeder Stand, jedes Alter, jeder Stadtteil, jeder Beruf hatte seine eigene Fortuna. Auf dem Kapitol und dem Quirinal

stand die Fortuna publica, die Stadt-Fortuna; in dem nahen Praeneste, dem heutigen Palestrina am Fuß der Sabinerberge, hielt sie sogar Jupiter und Juno als ihre Kinder im Schoß. Auf dem Palatinhügel stand eine Fortuna privata, die sich um das Familienleben kümmerte. Für die römischen Frauen gab es eine Fortuna muliebris; sie bewährte sich zum erstenmal weithin sichtbar, als es Coriolans Mutter gelang, ihren zum Feind übergelaufenen Sohn von einer Eroberung Roms abzuhalten.

Es gab eine Fortuna barbata: die römische Jugend widmete ihr die erste Bartrasur; eine Fortuna redux, eine zurückführende: Augustus »stiftete« sie nach seiner glücklichen Rückkehr aus Asien; eine Fortuna tranquilla, eine ruhige: die Schiffer verehrten sie im Ostia-Hafen, denn sie bezogen das tranquilla auf die Meereswogen.

Schließlich gab es für jede Gemütsbewegung, für Ärger, Eifersucht, Haß, Vorfreude, Ungeduld eine besondere Fortuna, eine Fortuna respiciens – die Umsichtige, eine Fortuna viscata (die Ködernde), eine Fortuna mammosa (die mit den kolossalen Brüsten), eine Fortuna veridica (die Wahrsagende). Und wenn wir uns auf Münzbilder verlassen können, dann war diese Veridica gar nicht eine, sondern zwei Fortunen, ein Schwesternpaar! Eine Inschrift nennt sie auch veridicae sorores – wahrsagende Schwestern. Auf einer anderen Münze tragen die doppelten Fortunen Helme und Lanzen und werden Fortunae victrices, Siegende, genannt. Welch ein Weg von der Tyche zu den sisters ...

Jener Zeit war nicht mehr bewußt, daß es immer die gleiche und nur die eine Göttin war, die sie als barbata oder tranquilla anriefen. Man hatte aus dem Bewußtsein verloren, daß diese Worte nur schmückende Beiworte waren. Wenn wir über diese Verwirrung des Glaubens noch im Zweifel wären – die Erfindung der Geschwister Fortuna beweist es. Man ließ sein Gefühl im unklaren über die Einzahl oder die Vielzahl der Existenzen Fortunas. Der Kult nahm immer unernstere Formen an; nur der dumpfeste, primitivste Teil der römischen Plebs verband damit noch einen Rest von Frömmigkeit. Die Intellektuellen hatten sich um diese Zeit längst dem snobistischen Osiris-Ritus zugewandt, und eine kleine Schar von Schwärmern hing bereits heimlich der Lehre an, die Simon, der Fischer aus Galiläa, der sich Petrus nannte, verkündete. Die Antike machte sich fertig zum Untergang.

Jesus von Nazareth eroberte das Abendland. Nichts schien den Christen natürlicher, als die alten heidnischen Götter ins Dunkel zurückzustürzen, in dem die Welt ihnen bisher gelebt zu haben schien. Jetzt war die Erde neu geboren; nichts sollte mehr an die Vergangenheit erinnern. Geblendet von der lodernden Flamme der Verkündigung und im Rausch des Erwachens ihrer Seele gingen die Christen mit Hacke und Spaten, Feuer und Schwert daran, die Erinnerung an das, was gewesen war, umzupflügen.

Es dauerte ein halbes Jahrtausend, bis man erkannte, daß der Mensch unentrinnbar in der Geschichte steht und sie vergeblich leugnet. Christliche Philosophen und Kirchenlehrer begannen, sich auf das griechisch-römische Erbe, auf Kultur und Ethik der Antike zu besinnen, der Haß war gewichen, die Erinnerung an das Martyrium der Frühzeit verblaßt. Der Stolz auf die asketische Bedürfnislosigkeit der Blutzeugen und Kämpfer wich langsam der alten Sehnsucht nach den Schönheiten der Welt, nach denen das Auge

zu hungern, und nach Wissen und Forschen, wonach der Geist zu dursten begann. Zögernd auferstand Hellas, zögernd Rom.
Doch nur zwei Gottheiten aus der Schar der Olympier gelang es, wieder Fleisch und Blut zu werden und in das Bewußtsein der Menschen zu dringen: Fortuna und Venus. Es gelang ihnen um den Preis, daß sie zwei Symbole wurden, zwei negative, Venus für die ewige fleischliche Sünde, Fortuna für die Ungewißheit irdischen Glücks. Man ließ die beiden einst so fröhlichen, liebenswerten Damen los wie zwei böse Schlangen, vor denen die erschreckten Kinder sich zum Vater flüchten sollten.
Sie taten es. Fortuna bekam zwei Köpfe, wurde beflügelt wie Luzifer und drehte ein riesiges Rad, an das sich die Menschen klammerten, um nicht in die Tiefe zu stürzen, oder auf dessen Dornen sie aufgespießt waren. Es war die Vorwarnung zum Weltgericht.
Während des ganzen Mittelalters hat dieses Bild die Phantasie der Menschen beschäftigt.
Als die Renaissance und der Humanismus die Geister befreiten, befreiten sie auch Fortuna aus ihrer bösen Rolle. »Die Wissenschaften blühen, die Geister wachen auf, es ist eine

Lust zu leben!« rief Ulrich von Hutten, und Albrecht Dürer schrieb im Jubel über eine Zeit, in der die Menschenwürde neu geboren wurde: »Ich bin ein Tzentillam (Gentleman) geworden!«

Auch Fortuna wurde nun eine Dame. Der göttlichen, olympischen Sphäre war sie entrückt, sie schien jetzt eher wie eine Gestalt aus der christlich-paradiesischen Welt. Wie eine vornehme Verwandte der Eva, die ihren Reichtum über die Wirren der Zeit gerettet hatte. Eine Dame, älter und ein bißchen füllig. Aber dadurch war sie angenehm vertraut, denn alle Damen gesetzteren Alters hatten damals Gewicht.

Manchmal hob sie noch mahnend den Finger und entledigte sich damit ihrer gewiß gegen ihre Überzeugung gehenden Pflicht, daran zu erinnern, daß für einen guten Christen irdisches Glück verdächtig sein muß. Meistens aber kam sie milde lächelnd und kommod auf ihrer Kugel angerollt, im Eva-Kostüm oder mit wenig mehr, was jedermann, ob groß oder klein, gern betrachtete.

Aus dieser Zeit gibt es die größte Fülle von Fortunadarstellungen. Es lag nicht daran, daß Ritter Kunz und Meister Hinz so oft an sie dachten oder sich den Begriff Glück so lebhaft vorstellten, keineswegs. Man führte das Wort Glück wahrscheinlich weniger oft im Munde als heute. Es lag daran, daß Fortuna als klassisch gewordenes Symbol für alle Maler ein so wunderschöner, unverfänglicher Vorwand war, das darzustellen, »was Männern so gut schmeckt«. Zugleich gab es auf den Bildern und Stichen meistens noch viel Symbolisches oder Landschaftliches zu sehen, so daß die Augen mit Vergnügen auf dem Bild spazierengingen. Einen Schauer oder eine auch nur geringe Ehrfurcht spürte niemand mehr. Es hätte vorausgesetzt, daß man Fortuna als Macht oder Gestalt realisierte, und diese Zeiten waren vorbei.

Es kamen noch einmal magere Jahre für Fortuna, es kam der Dreißigjährige Krieg, in dem die Menschen sich kein anderes Glück wünschten, als zu überleben; und das sagten sie auf deutsch.

Dann aber, mit dem 18. Jahrhundert, der Epoche des Rokoko, erwachte die Erinnerung wieder an die schöne Fortuna-Gestalt und an das reizvolle Gedankenspiel mit dem Glückssymbol. Fortuna wurde wieder jung und schön, sie ähnelte, wenn man es genau

besah, fast der Pompadour, und ganz feine Leute sprachen sie jetzt auch Fortühn aus.
Das Rokoko war wahrhaftig eine neue Regierungszeit Fortunas. Das ganze Abendland schien von einem Hoffen, Spekulieren, Träumen erfüllt, das auf Ruhm, auf Karriere, auf Avancen gerichtet war; die alte Ordnung der Gesellschaft war morsch und im Umbruch, das Leben spielte Lotterie. Vor allem die Frauen begriffen, daß sie in einer großen Tombola mitspielten; Schönheit und Charme öffneten alle Türen. Das »Volk« arbeitete zwar schwer, aber es sah doch, wie die Zufallstreffer Fortunas prasselten. Väter erhofften sich was, Mütter sahen in ihren Töchtern die Trägerinnen einer vielleicht ungeahnten Zukunft; man wurde Baronin, Gräfin; Papa wurde reich. Hatte man es nicht hundertmal aus der Ferne mit angesehen? Ach ja, die heitere Fortuna ging täglich tänzelnd und singend über die Straße . . .
War es so?
So war es. Bis das böse aber reinigende Gewitter mit Napoleon, Krieg und Biedermeier-Armut folgte. Aus dieser Zeit der Besinnung stammen die meisten Sprichwörter über das Glück. Bei einigen kennen wir noch den Ver-

fasser, bei vielen ist er sicher nie bekannt gewesen. Manche Sprüche sind – wie oft bei Volksweisheiten – etwas billig, andere sind klug und wunderbar formuliert. Sie waren noch bis ins zwanzigste Jahrhundert im Volk lebendig. Jetzt erst geraten sie in Vergessenheit.

»Glück und Glas, wie leicht bricht das.«

»Jeder ist seines Glückes Schmied.«

»Das Glücke gleicht dem Balle, es steigt zum Falle.«

»Wer sich über des andern Glück freut, dem blüht sein eigenes.«

»Dort, wo du nicht bist, ist das Glück.« (G.Ph. Schmidt)

»Geflügelt ist das Glück und schwer zu binden.« (Schiller)

»Glück und Regenbogen sieht man nicht über dem eigenen Haus, sondern nur über fremdem.«

»Wer dem Glück entsagt, hat das Glück erjagt.«

»Wo das Glück einmal einkehrt, da greift es leicht um sich.« (Gottfried Keller)

»Mäßiges Glück währt am längsten.«

»Ein Körnchen Glück ist besser als eine Eselsladung Geschick.«

»Begehre nie ein Glück zu groß und nie ein Weib zu schön, sonst könnte dir's in seinem Zorn der Himmel zugestehn.«

»Auch das Glück hat seine eigene Wehmut.« (L. Schefer)

»Das Glück des Lebens besteht nicht in einzelnen zuckenden Blitzen. Tausend Blitze machen noch keinen Tag.« (Jean Paul)

»Einen Tropfen Glück muß man haben oder ein Faß Verstand.«

»Dem Greifenden ist meist Fortuna hold.« (Goethe)

Man war wieder vernünftig geworden und verlangte auch von Fortuna nichts Unvernünftiges mehr. »Kolossales Schwein gehabt«, rühmten sich nur noch Studenten und Leutnants. Das Bürgertum – es dachte oft und gern an Fortuna – wollte nur »ein bißchen Glück«, nicht zu deutlich für die Öffentlichkeit, denn das schadete dem Ansehen und der Reputierlichkeit. Man wollte schon Glück haben, aber man wollte nichts dem Glück verdanken. Der Zug war neu; und leider nicht schön. Der »Glückspilz« wurde beneidet und zugleich nicht für voll genommen. Als Moltke in seiner Abhandlung »Über Strategie« von der Notwendigkeit des Glücks sprach, fügte er sogleich begütigend hinzu: »Aber Glück hat auf die Dauer doch wohl nur der Tüchtige.«

Kinder durften »Sonntagskinder« der Fortuna sein. So wurde Fortuna – was sie in der Antike nie gewesen war – die besondere Patentante der Jugend. Hier konnte man offen einpflanzen, was später unbemerkt aufgehen sollte. Am Bettchen des kleinen Knaben konnte Fortuna, am Bett des kaiserlich-königlichen Regierungsassessors nur noch Jupiter stehen.

Man trug jetzt gern einen »Glückspfennig« im Portemonnaie. Die Damen suchten vierblättrigen Klee oder berührten mit einem Fingerspitzchen den schwarzen, angeblich glückbringenden Schornsteinfeger. Fußballklubs nannten sich Fortuna. Zu Silvester goß man Blei in Form von Glücksschweinchen, Glücksklee und Hufeisen. Schwarze Katzen, die von links den Weg kreuzten, brachten Glück und Sternschnuppen ganz besonders; sofern man die Beobachtung niemand verriet oder, bei Liebesleuten, sich schweigend anschaute. Auch wenn man in etwas hineintrat, was man nicht mehr mit Namen, sondern nur noch »etwas« nannte, so sollte das Glück bringen. Auf jeden Fall hat es den Hunden Glück gebracht; so wie die Scherben dem Glaser. Man nennt das alles heute gern »Aberglaube«.

Das Wort soll ausdrücken, daß diese Dinge im Gegensatz zum rechten christlichen Glauben stehen und falsch sind. Natürlich sind sie falsch, und jedermann, auch wer einen Glückspfennig in der Tasche trägt, weiß es.

Was also ist es, was immer noch und ewig die ferne Erinnerung an Fortuna, an eine gute

Fee, in den Menschen des Atomzeitalters wachhält?
Es ist die Hoffnung, es möge in der Welt doch kleine Zeichen des Schicksals geben, kleine Winke, die trösten und Mut machen, ganz kleine Bestätigungen, daß wir nicht vergessen sind von der Macht, die über den Sternen wohnt.

Altmodisches Glück

Da rauch ich so mein Piepchen
und schaue auf mein Liebchen
und fröne meinen Triebchen,
ich bin ein Tagediebchen.

Weitere Werke von Joachim Fernau:

Ein wunderbares Leben
Roman
352 Seiten · Leinen

Die treue Dakerin
Drei Erzählungen
311 Seiten · Leinen

Ein Frühling in Florenz
Roman
311 Seiten · Leinen

Weitere Werke von Joachim Fernau:

Rosen für Apoll
Die Geschichte der Griechen
311 Seiten · Leinen

Cäsar läßt grüßen
Die Geschichte der Römer
384 Seiten · Leinen

Und sie schämeten sich nicht
Ein Zweitausendjahr-Bericht
232 Seiten · Leinen